José Antonio Prieto Saborit
María Jesús de Iscar Pérez
Paloma Nistal Hernández
Neus Verdú Carbó

ESTIMULACIÓN TEMPRANA
Y
PSICOMOTRICIDAD

Título:	ESTIMULACIÓN TEMPRANA Y PSICOMOTRICIDAD
Autores:	JOSÉ ANTONIO PRIETO SABORIT; MARÍA JESÚS DE ISCAR PÉREZ; PALOMA NISTAL HERNÁNDEZ; NEUS VERDÚ CARBÓ
Editorial:	WANCEULEN EDITORIAL DEPORTIVA, S.L. C/ Cristo del Desamparo y Abandono, 56 41006 SEVILLA Tlfs 954656661 y 954921511 - Fax: 954921059 www.wanceulen.com infoeditorial@wanceulen.com
I.S.B.N.:	978-84-9993-250-7
Dep. Legal:	
©Copyright:	WANCEULEN EDITORIAL DEPORTIVA, S.L.
Primera Edición:	Año 2012
Impreso en España:	Publidisa

Reservados todos los derechos. Queda prohibido reproducir, almacenar en sistemas de recuperación de la información y transmitir parte alguna de esta publicación, cualquiera que sea el medio empleado (electrónico, mecánico, fotocopia, impresión, grabación, etc), sin el permiso de los titulares de los derechos de propiedad intelectual. Cualquier forma de reproducción, distribución, comunicación pública o transformación de esta obra solo puede ser realizada con la autorización de sus titulares, salvo excepción prevista por la ley. Diríjase a CEDRO (Centro Español de Derechos Reprográficos, www.cedro.org) si necesita fotocopiar o escanear algún fragmento de esta obra.

A ese pequeño ser que nada más nacer, te mira y sonríe
porque sabe que tú le puedes dar cariño.

...

A todos los que responden a esa mirada, y día tras día les dedican su
vida para que la suya sea un poco mejor.

ÍNDICE

CAPÍTULO I: ESTIMULACIÓN TEMPRANA DE 0 A 2 AÑOS 12

1. Definición y concepto 12
    1.1. Conjunto de intervenciones 12
    1.2. Población de 0 a 6 años 13
2. Fundamentación teórica 15
    2.1. Psicología del desarrollo 16
    2.2. Psicología del aprendizaje 19
    2.3. Neurología evolutiva 19
3. Factores perturbadores del desarrollo 20
4. Metodología 22
    4.1. Proceso general de intervención 22
        4.1.1. Valoración global inicial 22
        4.1.2. Impresión diagnóstica 26
        4.1.3. Programa Individual de atención Temprana 26
    4.2. Técnicas de intervención 28
5. Desarrollo evolutivo de 0 a 2 años 30
    5.1. Desarrollo cognitivo 30
    5.2. Desarrollo psicomotor 33
        5.2.1. Reflejos: 0 – 3 meses 33
        5.2.2. Desarrollo de 3 a 6 meses 33
        5.2.3. Desarrollo de 6 a 9 meses 33
        5.2.4. Desarrollo de 9 a 12 meses 34
        5.2.5. Desarrollo de 12 a 18 meses 34
        5.2.6. Desarrollo de 18 a 24 meses 34
    5.3. Desarrollo emocional 34
        5.3.1. Conducta de Apego 34
        5.3.2. Expresión de las emociones 36
    5.4. Desarrollo de la comunicación 38
        5.4.1. Prerrequisitos funcionales de la comunicación 38
        5.4.2. Procesos hacia la comunicación simbólica 39

CAPÍTULO II: ENFOQUE TERAPÉUTICO DEL RETRASO PSICOMOTOR EN ATENCIÓN TEMPRANA. ESTIMULACIÓN MOTÓRICA. 41

1. Introducción 41
2. ¡Bienvenido al mundo! 42
3. Aprendiendo a aprender 43
    3.1. ¡Pero qué precoz! 43
    3.2. Respirar, alimentarse...y sentir 45

3.3. Desarrollo psicomotor 46
4. Conquistando al mundo 50
5. Cuando algo no va bien: ¡No me puedo organizar! 53
6. Acción terapéutica 55
    6.1. Jugamos a ¡sentir! 57
    6.2. Jugamos a ¡relajarnos! 59
    6.3. Jugamos a ¡respirar! 60
    6.4. Jugamos a ¡movernos y desplazarnos! 60
    6.5. Jugamos a ¡usar las manos! 70
7. Una reflexión. 72

CAPÍTULO III: MASAJE INFANTIL 73

1. Introducción 73
2. Beneficios del masaje 74
3. Recomendaciones 76
4. Técnica 77
    4.1. Masaje en piernas y pies 77
    4.2. Masaje en el vientre 81
    4.3. Masaje en el pecho 85
    4.4. Masaje en brazos y manos 88
    4.5. Masaje en la cara 91
    4.6. Masaje en la espalda 94

CAPÍTULO IV: ESTIMULACIÓN TEMPRANA EN EL MEDIO ACUÁTICO 97

1. Introducción 97
2. Objetivos 99
3. Beneficios 99
4. Reflejos en el medio acuático 100
5. Factores a tener en cuenta 103
    5.1. Edad de comienzo 103
    5.2. Tiempo de la sesión 103
    5.3. Piscina y material 103
6. Conductas motrices básicas en el medio acuático 105
    6.1. Bañera 105
    6.2. Piscina 107
        6.2.1 Familiarización 107
        6.2.2. Inmersión 109
        6.2.3. Flotación 111
        6.2.4. Desplazamientos 113

BIBLIOGRAFÍA 115

AUTORES

José Antonio Prieto Saborit. Doctor por la Universidad de Oviedo, Licenciado en Educación Física, Diplomado en Magisterio (Educación Física). Profesor de la Escuela Universitaria Padre Enrique de Ossó (Universidad de Oviedo) de las asignaturas *Estimulación temprana y Evaluación y diagnóstico Psicomotriz*. Director del postgrado *"Experto en psicomotricidad"* de la Universidad Pontificia de Salamanca y EUPO. Profesor del Colegio La Salle de La Felguera. Premio Nacional de Investigación en Medicina del Deporte 2003 y 2005.

María Jesús de Iscar Pérez. Doctora y Licenciada en Psicología por la Diversidad de Oviedo. Centro de atención temprana de Oviedo. Especialista en estimulación temprana. Profesora del postgrado *"Experto en psicomotricidad"* de la Universidad Pontificia de Salamanca y EUPO

Paloma Nistal Hernández. Licenciada en Educación Física, Diplomada en Magisterio (Educación Física). Profesora de la Escuela Universitaria Padre Enrique de Ossó (Universidad de Oviedo) de la asignatura *Desarrollo Psicomotor*. Profesora del Colegio Santa María del Naranco (Oviedo). Premio Nacional de Investigación en Medicina del Deporte 2003. Profesora del postgrado *"Experto en psicomotricidad"* de la Universidad Pontificia de Salamanca y EUPO.

Neus Verdú Carbó. Diplomada en Fisioterapia. Licenciada en Psicología. Fisioterapeuta y Psicóloga de ASPACE (Oviedo). Profesora del postgrado *"Experto en psicomotricidad"* de la Universidad Pontificia de Salamanca y EUPO.

PREFACIO

La psicomotricidad no se podría entender sin el movimiento y éste sin los estímulos recibidos. La posibilidad de ofrecer los estímulos adecuados al niño, lo antes posible, le permitirá desarrollarse armónicamente y contribuirá a que la maduración del sistema nervioso se encuentre en plena comunicación con el ambiente.

A nivel profesional parece haberse llegado al consenso de que el niño debe ser estimulado como un "todo", en el que no podemos diferenciar la parte física de la psicológica y menos aún de sus emociones y sentimientos. Pero necesitamos que esta unificación de criterios se traslade a todos los ámbitos de la vida: profesional, familiar, escolar etc.

Todo niño que nace tiene derecho a ser estimulado, y ésta debe ser realizada independientemente de que el niño presente o no algún tipo de patología en su nacimiento. Evidentemente debemos organizar programas de estimulación adecuados a sus características, pero existen pautas generalizables que todos deberíamos tener en cuenta, desde los profesionales hasta los propios padres y maestros de los niños.

En esta obra queremos mostraros nuestra manera de entender la estimulación temprana dentro del marco de la psicomotricidad. Se divide en cuatro capítulos, el primero de ellos nos aclara el concepto de estimulación y su fundamentación, para posteriormente centrarse en los dos primeros años de vida del infante. En el segundo capítulo se aborda la estimulación desde la perspectiva terapéutica, deteniéndose en el retraso psicomotor. En el tercer capítulo se ilustra con preciosas imágenes la "magia" del masaje para bebés, argumentando de manera sólida sus beneficios. Por último el cuarto capítulo, trata de mostrar las posibilidades de intervención en las primeras edades, utilizando el medio acuático como elemento diferenciador.

Sinceramente, esperamos que este libro pueda servir a estudiantes, padres, profesionales, en su día a día, como una herramienta de ayuda, que contribuya a que sus "peques" crezcan de forma integral, y para ello deben hacerlo "sintiendo".

José A. Prieto Saborit

Capítulo I
ESTIMULACIÓN TEMPRANA DE 0 A 2 AÑOS

El desarrollo psicomotor es un aspecto evolutivo esencial del ser humano, se trata de la progresiva adquisición de habilidades, de conocimientos y de experiencias, todo esto como manifestación de la maduración del Sistema Nervioso Central en interacción continua con las condiciones del entorno. En los dos primeros años se establecen las conductas básicas fundamentales que utilizamos a lo largo de la vida. En los años posteriores la tarea de la evolución es la de perfeccionar y adaptar todas estas competencias. La Estimulación como técnica proporciona las mejores condiciones para favorecer un desarrollo adecuado dentro de los límites establecidos por componentes psicobiológicos y sociales.

1. DEFINICIÓN Y CONCEPTO

Para delimitar el concepto de Estimulación temprana, (también llamada Estimulación precoz, Estimulación psicomotriz) debemos partir de la definición de Atención Temprana a la que se llegó desde un consenso de los profesionales en el año 2000 con la publicación del Libro Blanco de la Atención Temprana:

> *"Es el conjunto de **intervenciones** dirigidas a la población infantil de **0 a 6 años**, a la familia y al **entorno**, que tienen por objetivo dar respuesta lo más pronto posible a las necesidades transitorias o permanentes que presentan los niños con **trastornos** en su desarrollo o que tienen el **riesgo** de padecerlos. Estas intervenciones que deben considerar la **globalidad** del niño han de ser planificadas por un equipo de profesionales de orientación **interdisciplinar o transdisciplinar***".

Este documento introduce algunos nuevos términos muy significativos en el sentido de dinamizar los procesos relativos a la Atención Temprana, en su divulgación, en la intervención, formación e investigación. A continuación nos detenemos en un pequeño análisis:

1.1. CONJUNTO DE INTERVENCIONES

Significa que hay intervenciones diversas desde un abanico de profesionales que se pueden agrupar según los servicios a los que pertenecen. En España, en cada Comunidad estos servicios pueden asumir funciones o ámbitos diferentes. En general se consideran de tres tipos:

- **Servicios Sanitarios**

Dentro de los servicios sanitarios, se trabaja en distintos niveles: en prevención primaria, detectando factores de riesgo en el embarazo y parto, haciendo campañas de sensibilización, información y divulgación de programas de prevención de deficiencias; atendiendo a la mujer embarazada de riesgo, llevando a cabo el diagnóstico prenatal; en prevención secundaria: detectar y diagnosticar patologías; y en prevención terciaria, intervención directa con medicación o rehabilitación.

Servicios relacionados con la Atención Temprana serían: obstetricia, neonatología, pediatría, neurología infantil, rehabilitación infantil, salud mental, genética y algunos otros especialistas que puntualmente intervienen en el proceso.

- **Servicios Educativos**

Los servicios educativos hacen una labor también en los tres niveles, en prevención primaria sobre todo desde las Escuelas Infantiles de 0 a 3 años, detectando posibles problemas y los Equipos psicopedagógicos evaluando a los niños susceptibles de necesidades educativas especiales, orientando y contribuyendo, junto con los profesores, a elaborar adaptaciones curriculares en el medio escolar.

- **Servicios Sociales**

Dentro de los servicios sociales existen los llamados Centros de Desarrollo Infantil y Atención Temprana, que en algunas Comunidades están incluidos en los servicios de Salud. En Asturias se trata de las Unidades de Atención Infantil Temprana, algunas públicas y otras concertadas que pertenecen al ámbito de bienestar social. Hay equipos que de manera más específica que actúan en casos de deficiencia visual, de parálisis cerebral y de hipoacusias que pertenecen a diferentes entidades (Organización Nacional de Ciegos, ONCE; Asociación de padres de parálisis cerebral, ASPACE; Fundación Vinjoy para personas sordas).

1.2. POBLACIÓN DE 0 A 6 AÑOS

Las características de la población de 0 a 6 años son especiales si consideramos el momento clave en la evolución de la persona. En este sentido, podemos decir que:

- Se producen las primeras y más fundamentales adquisiciones que suponen capacidades y habilidades para toda la vida.
- El ritmo es muy rápido, durante el primer año se adquieren habilidades como la comunicación, la marcha, las interacciones básicas.
- A la vez, hay una mayor vulnerabilidad, por tratarse de un organismo y una personalidad en formación.

- Este mismo proceso de maduración hace que se puedan prevenir y corregir, habilitar, es decir implantar habilidades, y rehabilitar, es decir, minimizar trastornos y consecuencias de trastornos.

Este desarrollo y maduración se produce en interacción permanente de factores intrapersonales con factores interpersonales, del ambiente.

- **Entorno**

El entorno se refiere a todas las variables externas al individuo, que van a favorecer o a obstaculizar el curso de la evolución en su desarrollo. Estos factores comprenden todo el ámbito de interacciones que se forman en la familia, sus expectativas anteriores y la percepción que estos tienen de los acontecimientos. Es por tanto, un concepto amplio en el que se incluyen el tipo de sociedad en la que el niño vive, las condiciones económicas la ideología, todo lo que envuelve a la persona en los distintos contextos (Bronfenbrenner, 1987)). Es evidente que la falta de un entorno flexible, rico en estímulos, adaptativo, tiene consecuencias negativas para la evolución de un niño.

- **Trastorno**

Un trastorno constituye una inflexión en la línea evolutiva. El término se refiere a problemas claramente diagnosticados, que a veces suponen algún tipo de discapacidad. El calificarlo de trastorno transitorio, o permanente depende de los efectos del tratamiento y de la propia evolución en el tiempo. Por ejemplo una hipertonía en un niño prematuro generalmente es algo transitorio, pero puede también estar significando una lesión permanente.

- **Riesgo**

El concepto de riesgo, como veremos más adelante, incluye situaciones que pueden suponer un pronóstico desfavorable en el curso del desarrollo. En los últimos años han aumentado los casos considerados de riesgo dentro de los tratamientos de Atención Temprana. El tipo de riesgo puede ser biológico o social, aunque, en general, los factores son múltiples y no se deben a una sola causa. Dentro de ellos se pueden incluir: falta de control del embarazo, edad y/o enfermedad y discapacidad de alguno de los padres, tabaquismo de la madre, ingesta de tóxicos, drogas en el embarazo, obesidad, hipertensión de la madre. En el momento del parto: bajo peso para la edad gestacional, número de semanas de gestación por debajo de 37 (prematuro), peso por debajo de 1.500 grs., puntuación en el Test de Apgar por debajo de 3-5, nacimiento de nalgas, convulsiones neonatales. Otro tipo de riesgo es el que proviene de factores ambientales: malos tratos, abandono, negligencia en los cuidados, situación económica comprometida, conflictividad familiar.

- **Globalidad**

El término globalidad se refiere a todos los aspectos que envuelven al niño como persona: su momento en la evolución en todas las áreas (motora, cognitiva, afectiva, social); el diagnóstico definido o no; el pronóstico de una discapacidad; la reacción de la familia y los padres, las actitudes personales ante el niño y ante una nueva realidad; y la influencia del entorno, el contexto social y cultural. Si tomamos como referencia a Bronfenbrenner (1987) y su teoría de los ecosistemas, todo lo que rodea a la persona desde un punto de vista biopsicosocial.

- **Interdisciplinar – transdisciplinar**

En los equipos interdisciplinares un grupo de profesionales comparten, en un espacio formal la información y las decisiones se toman a partir de ella con unos objetivos comunes. En el equipo multidisciplinar la información se intercambia pero las decisiones de cada área se toman, básicamente, de forma independiente por los distintos miembros del equipo. En el transdisciplinar sus componentes adquieren conocimiento de otras disciplinas relacionadas y las incorporan a su práctica. Un solo profesional asume la responsabilidad de atención al niño y el contacto con la familia.

En todos los casos, para que se produzca un mejor abordaje es necesaria una adecuada y establecida coordinación.

Después de este análisis comprendemos que dentro de las intervenciones que se incluyen en la Atención Temprana, la Estimulación se puede definir como:

"Una intervención específica dentro de la Atención Temprana dirigida a la población de 0 a 2 años en los que se detecta una alteración o retraso en el proceso evolutivo o riesgo de que se produzca. Operativamente es un conjunto de técnicas con fines preventivos, de habilitación y rehabilitación funcional que se aplica mediante programas sistematizados y secuenciales donde se incluyen todas las áreas del desarrollo: cognitivo, social, comunicativo, psicomotor y afectivo, siguiendo las pautas de un desarrollo global armónico".

2. FUNDAMENTACIÓN TEÓRICA

Como decimos, para considerar a los niños en esta edad tan temprana de manera global sin perder aspectos que podrían ser importantes en la intervención es necesario mantener un enfoque biopsicosocial. Las teorías van a ser el pilar de la metodología, de los procedimientos y del establecimiento de unos principios básicos en la aplicación de las técnicas. Este apoyo teórico se encuentra en la Psicología del desarrollo, la Psicología del aprendizaje y la Neurología evolutiva.

2.1. PSICOLOGÍA DEL DESARROLLO

La Psicología del desarrollo o evolutiva parte de la consideración de que el desarrollo humano y la conducta a lo largo de todo el ciclo vital están en función de la interacción entre factores biológicamente determinados, físicos y emocionales e influencias ambientales, del contexto (de la familia, escuela, religión o cultura). (Palacios y cols., 1991).

Podemos definir el desarrollo como un conjunto de procesos que va acompañado de la adquisición de habilidades específicas. En los dos primeros años el pensamiento está determinado por la percepción y de manera gradual se va haciendo capaz de pensar sobre acciones, objetos y sucesos que no están presentes, así se producen las primeras simbolizaciones. Además es un proceso continuo a través de etapas escalonadas, que suponen cada una un grado de mayor complejidad en la organización, es decir, se produce una maduración.

Las teorías del desarrollo relacionan los cambios en el comportamiento con la edad cronológica del sujeto; es decir, las distintas características de conducta relacionadas con las etapas específicas del crecimiento. Existen diversas teorías explicativas, citaremos algunas, las de mayor influencia en las intervenciones en la primera infancia y que han dado lugar a otras con importantes repercusiones en la intervención: A. Gesell, S. Freíd, J. Piaget y L. Vygotsky.

1. A. Gesell.

Dentro de una óptica maduracionista, sus estudios se basaron en la observación de los movimientos corporales y con la información que ello le ofreció se establecieron pautas relacionando la edad con una variedad de comportamientos. Estos *patrones observables de conducta* se consideran la manifestación externa de la maduración del Sistema Nervioso Central y establecen unas edades fijas para cada nivel de conductas esperadas. De aquí surge un inventario muy completo de la actividad motora en el primer año que dio lugar a la Escala psicomotora de Brunet-Lezine, muy utilizada en la práctica.

Gesell estableció los siguientes principios generales sobre el desarrollo:

1. Se produce de manera céfalo-caudal, desde la cabeza hacia abajo.
2. Desarrollo próximo–distal, del eje central del cuerpo hacia los miembros.
3. Principio de entrelace recíproco, crecimiento en forma de espiral. Exige la coordinación de sistemas emparejados y opuestos. Por ejemplo, la flexión de una extremidad se opone a la extensión de la misma y ambas se coordinarán para proporcionar la marcha autónoma.
4. Principio de fluctuación autorreguladora, naturaleza oscilatoria del desarrollo como por ejemplo los ritmos biológicos. El organismo se mueve de la inestabilidad a la estabilidad, pero conserva la suficiente flexibilidad para adaptarse a las exigencias del ambiente.

5. Principio de asimetría funcional, la aparición de la lateralidad o predominio de un hemisferio cerebral para ciertas funciones.

Este autor propone una valoración de la maduración a través de la observación del tono muscular y los reflejos:

El tono muscular es un estado de tensión permanente de los músculos, de origen esencialmente reflejo, variable, cuya misión fundamental es ajustar las posturas locales y la actividad general. Se puede distinguir el tono pasivo y el activo. La exploración del tono pasivo se basa en observar:

- La consistencia de la masa muscular mediante el tacto (debe ser igual en los cuatro miembros).
- La pasividad directa o resistencia a la movilización. Al extender y soltar un miembro debe mantener el estado de contracción.
- La pasividad indirecta, es decir, la amplitud en los desplazamientos
- La extensibilidad, la mayor longitud que puede imprimirse a un músculo apartándolo de sus inserciones. Se calibra valorando el ángulo formado entre dos segmentos de una articulación.

Los reflejos son reacciones automáticas desencadenadas por un estímulo, su función es adaptativa y evolucionan hacia conductas voluntarias. La ausencia de un reflejo en un momento en que debería manifestarse puede ser patológica, así como, su persistencia durante más tiempo de lo normal.

2. S. Freud

Freud y las teorías psicodinámicas derivadas de él (Erikson, Freud A., Klein, Brazelton, Bowlby, Spitz, Winnicott) aportan una visión desde el punto de vista afectivo. Sostiene que una personalidad sana requiere satisfacer sus necesidades instintivas, a lo que se oponen el principio de realidad y la conciencia moral. El centro fisiológico de los impulsos instintivos se modifica con la edad, y los periodos de los diferentes centros se denominan etapas. En este periodo de 0 a 2 años se manifiestan dos etapas:

- *Fase oral* (a lo largo del 1º año de vida): esta fase se divide en una primera etapa, denominada Oral de succión (desde el nacimiento hasta el 6º mes aproximadamente) y una segunda etapa, la Oral canibalística, fase que se extiende hasta el comienzo de la fase anal.

- *Fase anal* (de 1 a 3 años): esta etapa se caracteriza por el desarrollo de los hábitos de limpieza y el control de esfínteres. También se subdivide en dos etapas: la primera es la Anal expulsiva, en la cual se halla el placer pulsional a través de la expulsión de las heces y la ejecución de movimientos con más libertad que en la fase anterior. La segunda etapa se denomina Anal retentiva; en ésta, el niño encuentra la satisfacción por medio de la retención de las heces y control de las mismas.

3. J. Piaget

Basa sus teorías sobre el supuesto de que desde el nacimiento los seres humanos aprenden activamente. El desarrollo cognitivo es el resultado de la maduración del organismo y de la influencia del entorno. La fuente de conocimiento es la acción, las acciones se coordinan en series llamados esquemas de acción. Los esquemas que se manifiestan en un momento determinado forman estructuras. Las distintas estructuras son instintivas, sensoriomotoras y operativas. Esto se produce mediante dos procesos: la acomodación y la asimilación.

En la *asimilación* el organismo toma del exterior lo que está de acuerdo con su organización interna; en la *acomodación* incorpora datos nuevos de la experiencia. Durante todo ese aprendizaje el desarrollo cognitivo pasa por cuatro grandes periodos bien diferenciados: el sensoriomotriz, el preoperatorio, el de las operaciones concretas y el de las operaciones formales.

En la primera etapa, la de la *inteligencia sensoriomotriz* (del nacimiento a los 2 años aproximadamente), el niño pasa de realizar movimientos reflejos inconexos al comportamiento coordinado, pero aún carece de la formación de ideas o de la capacidad para operar con símbolos. La teoría de Piaget ha tenido una gran repercusión, aportó el análisis diferenciado de cada etapa en varios aspectos del desarrollo de la inteligencia infantil como la permanencia de objeto, la capacidad de relacionar objetos entre sí, las relaciones en el espacio, la causalidad medios-fines y la imitación.

4. L. Vygotsky

Señala que todas las funciones superiores se originan con las relaciones entre seres humanos. El niño tiene una predisposición al intercambio social, ya en los primeros momentos, parece estar dotados de programas de sintonización, de armonización y de respuesta diferencial hacia los objetos y hacia las personas. La comunicación es algo que va más allá de la simple interacción, implica la idea de mutualidad, de reciprocidad y de intersubjetividad.

Esta teoría aportó el importante concepto de *"internalización"*, el proceso que implica la transformación de fenómenos sociales en fenómenos psicológicos, un proceso de autoconstrucción y reconstrucción psíquica. Esto implica que una experiencia social (el lenguaje social cotidiano), progresivamente se va transformando en pensamientos. El desarrollo de este fenómeno se produce a partir del nacimiento, en la interacción con las personas del medio familiar y sociocultural específico. El sujeto va desarrollando su autonomía o independencia con los objetos reales, concretos, que comienzan a manifestarse mentalmente en su aspecto abstracto. De aquí parte la idea de *"zona de desarrollo próximo"*, el espacio o diferencia entre las habilidades que ya posee y lo que puede llegar a aprender con apoyo de un adulto o de otro niño más competente.

De estos conceptos se derivan otras teorías que se refieren al origen del lenguaje y los mecanismos de la simbolización (J. Bruner, A. Riviere) tan importantes en la práctica.

2.2. PSICOLOGÍA DEL APRENDIZAJE

Se entiende el aprendizaje como las modificaciones o cambios de comportamiento que son el resultado de la experiencia o de la práctica, y que dan lugar a la adquisición de determinados conocimientos o habilidades. Cuando un organismo aprende se puede decir que está adaptando su comportamiento a los cambios del medio. Desde las teorías del condicionamiento clásico y del operante se derivan las técnicas de modificación de conducta, utilizadas también en la Estimulación como en otros contextos de aprendizaje.

En la metodología de intervención se utilizan principalmente técnicas basadas en el *condicionamiento operante*: una conducta guarda relación con una recompensa que tiene lugar de manera posterior, es decir, un refuerzo que consigue aumentar su aparición. A la vez que se programan las actividades se establecen programas de refuerzo, eligiendo los más adecuados a cada niño. Se tiene en cuenta el modo de generalización de conductas aprendidas y la eliminación de otras que interfieren en el aprendizaje.

2.3. NEUROLOGÍA EVOLUTIVA

La Neurología evolutiva establece patrones generales de desarrollo del Sistema Nervioso que se utilizan como *criterios de normalidad* y define trastornos madurativos o alteraciones patológicas. Contribuyen a fundamentar la intervención los estudios que demuestran que la maduración neurológica se produce en la interacción de la genética con el medio ambiente.

Un concepto fundamental es el de *plasticidad neuronal* que se refiere a los mecanismos celulares capaces de modificar las conexiones sinápticas y con ello reorganizar funciones cerebrales para adaptarse a cambios internos y externos. La plasticidad permite la reparación de circuitos corticales, la integración de otras áreas para realizar funciones modificadas y responder ante diversas afectaciones. Esta capacidad del cerebro tiene importantes implicaciones en el aprendizaje y es el fundamento de la eficacia de los tratamientos de los programas de intervención temprana (Hernández Muela y cols., 2004). Estos mecanismos permiten al Sistema Nervioso Central desarrollarse, mantener sus funciones a lo largo de la vida, modificar éstas y su estructura, y según las influencias de cada etapa o circunstancia, recibir, almacenar y evocar la información, así como su reparación, recuperación o compensación funcional en grado variable después de lesiones de diferente tipo.

El concepto de *periodo crítico* para la plasticidad neuronal se refiere al momento del desarrollo en que tiene lugar una mayor facilidad para cambios estructurales neuronales mediante mecanismos bioquímicos. Estos periodos críticos ocurren en diversas situaciones como en los primeros años de vida, en procesos de aprendizaje y memoria y en el envejecimiento, también en los procesos de rehabilitación en casos de lesiones del SNC. Todos estos procesos químicos y metabólicos constituyen las bases neuroanatómicas de la facilitación del aprendizaje, tanto motor como asociativo y de hábitos, pudiendo hacer cambios duraderos (Correa, 2007). Los efectos de la plasticidad cerebral para la recuperación funcional dependen de factores como la edad en la que se ha producido el daño, el área cerebral implicada y la preservación de otras áreas capaces de asumir la función perdida, pero también dependen de la influencia de estímulos ambientales.

La eficacia de los programas de estimulación se basa en la precocidad del diagnóstico, de la intervención y en la programación sistemática y secuencial de estímulos. El organismo es capaz de asimilar e integrar nuevas experiencias mediante un ambiente enriquecido gracias a la posibilidad de aumentar las interconexiones neuronales. Estas experiencias en las primeras etapas de la vida producen cambios estables en la organización cerebral que permiten la adquisición de funciones no desarrolladas o la maduración de las mismas (Mulas y Hernández, 2005). Así mismo, una sobre-estimulación puede prolongar el periodo de multiplicación celular y esto retrasaría la aparición de conexiones interneuronales. Tanto la falta de estímulos como la intervención temprana son capaces de modular la actividad bioquímica, histológica y fisiológica implicadas en la recuperación funcional (Castaño, 2005).

3. FACTORES PERTURBADORES DEL DESARROLLO

El ámbito de intervención además de delimitarse por el criterio de la edad se concreta en los factores que pueden ser perturbadores del desarrollo como son: las lesiones sobre el sistema nervioso, las afectaciones de partes del cuerpo secundarias a estas alteraciones del sistema nervioso, las alteraciones genéticas y los factores de riesgo.

Cuando hay una *lesión en el sistema nervioso* resulta como consecuencia una alteración o falta de funciones. Las más frecuentes son la parálisis cerebral infantil y el mielomeningocele.

Los *trastornos por causa genética* también son frecuentes en los servicios de Atención Temprana, especialmente el Síndrome de Down, Síndrome de X Frágil, de Williams, de Angelman entre otros.

En cuanto al concepto de *riesgo* se puede definir como las situaciones que suponen un pronóstico desfavorable para el desarrollo evolutivo. En el caso del riesgo social estas situaciones se concretan en:

- Ambiente pobre en estímulos
- Situación socio-económica baja

- Madre adolescente
- Salud mental de los padres comprometida
- Abandono o maltrato

En cuanto a los niños de riesgo biológico se concreta en las situaciones médicas que pueden suponer un desarrollo desfavorable como son las convulsiones, sepsis, meningitis. Podemos decir que se ha producido un aumento progresivo y llamativo en los últimos años de los nacidos prematuros (un 70% por causa de los tratamientos de fertilización), principal factor de riesgo. Relacionado con ello el número de semanas de gestación (menos de 28) y el peso al nacimiento (menos de 1.500 grs) son los más significativos. Nacer prematuro significa una precaria situación de vulnerabilidad con complicaciones como: el Síndrome de dificultad respiratoria, apneas, enterocolitis necrotizante, retinopatía, displasia broncopulmonar e infecciones. Pero lo más alarmante es la presencia de hemorragia interventricular, pequeñas hemorragias cerebrales durante los primeros días que pueden resolverse con distinto resultado, de manera que un 15% aproximadamente de los prematuros van a manifestar una lesión cerebral. Otro índice que se utiliza para discriminar el riesgo es el Test de Apgar al nacimiento. La asistencia en las unidades de Neonatología cuenta con una tecnología que consigue la supervivencia de niños con peso extremo de entre 500 y 1.000 grs (Pallás y cols., 2000).

Los problemas más evidentes que se manifiestan específicos de la prematuridad son:

- Retraso motor simple e hipertonía transitoria. Importante para distinguir de una lesión motora declarada.
- Inmadurez y daño cerebral
- Problemas de aprendizaje
- Alteraciones de la autorregulación y de la atención

Desde el punto de vista de la valoración individual del caso nos podemos encontrar con:

- Retraso psicomotor: en las adquisiciones motoras y/o una incapacidad para utilizar el cuerpo en la interacción con el ambiente: distonías, descoordinación, afectación del equilibrio. Constituye el principal motivo de consulta en el primer año de vida. Con frecuencia se convierte en signo de otros posibles trastornos que se diagnostican posteriormente.

- Trastornos sensoriales. Se han producido importantes avances en el diagnóstico, especialmente de la sordera congénita con los programas de cribaje de la hipoacusia en todos los recién nacidos, de manera que la detección es muy fiable y rápida en el tiempo.

- Alteraciones en el desarrollo del lenguaje. En esta edad tan temprana las alteraciones se refieren a la etapa preverbal, se pueden observar estrategias pobres de comunicación y déficits en comprensión.

- Alteraciones en el desarrollo cognitivo. Puede tratarse de retraso mental, con frecuencia límite y de origen multifactorial o de trastornos en repertorios básicos como la atención y la flexibilidad cognitiva. A menudo se acompañan de deficiencias en otras áreas, a nivel de la conducta o en la adquisición del lenguaje.
- Alteraciones de la conducta. Pueden ser de causas muy diversas, neurológicas o de un entorno inadecuado en las pautas. Se refieren a los hábitos de sueño y de alimentación principalmente. A menudo se manifiestan en niños con discapacidad.

4. METODOLOGÍA

4.1. PROCESO GENERAL DE INTERVENCIÓN

El proceso de intervención es continuo, de manera que cuando se consiguen unos objetivos se planifican otros nuevos avanzando en las habilidades y competencias del niño y de los padres. Es un procedimiento circular y continuo que incluye, a la vez, otros procesos: la coordinación, la intervención y la evaluación.

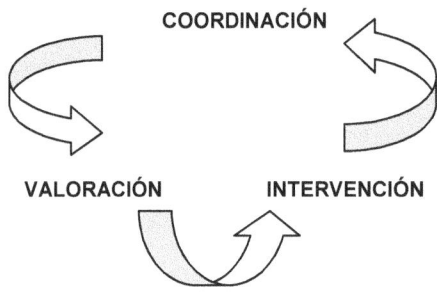

4.1.1. Valoración global inicial

En un protocolo de historia individual, recogida en las primeras entrevistas, se registran los antecedentes, la situación familiar y social y los informes aportados de otros profesionales. Todo ello constituye una información muy útil para contar con una visión integral del caso. En las primeras sesiones la herramienta más utilizada va a ser la observación del estado del niño, su actividad espontánea, sus limitaciones y la actitud de los padres.

- En la observación del desarrollo neuromotor se valoran: las reacciones posturales, reacciones de equilibrio y reacciones de defensa. Éstas proporcionan el control sobre la posición de la cabeza en el espacio y en relación con el tronco, así como las rotaciones sobre el eje corporal. Se hace mediante la observación, la descripción del movimiento y sus características. El desarrollo motor general se produce siguiendo la Ley céfalo-caudal: control cefálico, control del tronco (sedestación), bipedestación y marcha.

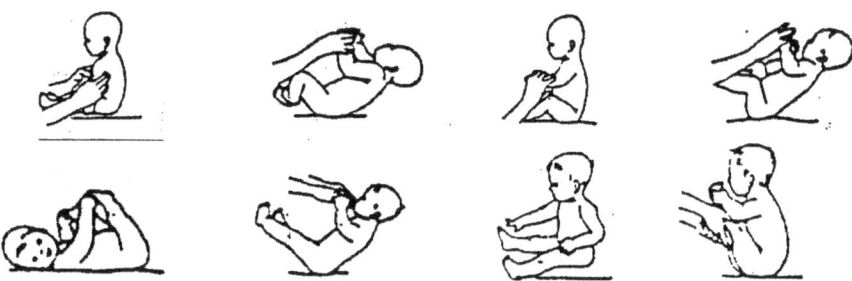

Ejemplo: evolución de la sedestación

- Observación del desarrollo manipulativo. Se produce siguiendo la ley próximo-distal. Comprende desde la prensión refleja a la destreza manipulativa, desde la fijación ocular al dominio visual completo. Ambas se interrelacionan a través de la iniciativa ideomotriz, hasta el logro de una adecuada coordinación visomotriz. Se determina el tipo de prensión (por contacto, involuntaria, voluntaria) y los patrones de prensión: grasping, prensión palmar, pinza inferior, pinza superior, coordinación bimanual.

Evolución de los patrones de prensión

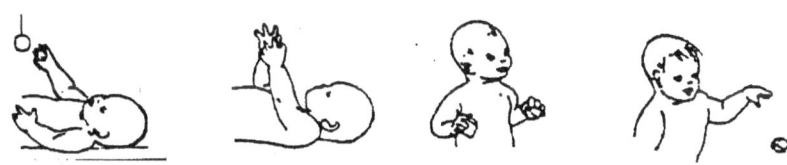

Evolución del tipo de prensión

- Observación de las estrategias de comunicación, en orden de aparición en el desarrollo:
    - Prerrequisitos funcionales: sensibilidad cinestésica, capacidad receptiva y expresiva, ritmos y pautado temporal, juegos a dúo.

- Conducta instrumental: prolongación del objeto, búsqueda de objeto.
- Juegos interactivos: esquemas de acción-interacción.
- Intersubjetividad: protoconversaciones, formatos de acción conjunta, intersubjetividad secundaria (el adulto como agente).
- Protodeclarativos.
- Protoimperativos.

Mediante Escalas, Inventarios de desarrollo y tests normativizados se completa la evaluación del nivel de desarrollo y de la calidad de las conductas en todos los aspectos: motor, cognitivo, afectivo, de comunicación y social. A continuación se relacionan algunas de las pruebas más utilizadas:

Escala de Maduración de Gesell-Amatruda.

Se puede utilizar desde el primer mes hasta los seis años. Valora las áreas: motora, adaptativa (coordinación visomotriz), lenguaje y personal-social.

Test de Denver (DDST).

Test de desarrollo psicomotriz elaborado por Frankenburg-Dodds (1967) en Denver, Estados Unidos. Se puede utilizar desde el nacimiento hasta los 6 años. Valora las áreas: motora gruesa, motora fina, lenguaje, social-personal.

Escala de Brazelton.

Se valora el comportamiento neonatal observando las respuestas del bebé desde el nacimiento hasta los dos meses, ante el ambiente. Se evalúa entre otros: los estados de alerta y atracción; los reflejos, tono muscular y actividad mano-boca; reacciones de sobresalto.

Inventario de Desarrollo Batelle.

Autor: J. Newborg y Otros. Aplicación: Individual. Tiempo: Prueba de "Screening"

(10-15 minutos); Inventario completo (60-90 minutos). Edad: 0-8. Editorial: T.E.A.

Evaluación de las habilidades fundamentales del niño en las distintas áreas del desarrollo y diagnóstico de las posibles deficiencias y retrasos en 5 áreas diferentes: personal-social, adaptativa, motora, comunicación y cognitiva. Formado por más de 300 elementos y puede aplicarse en su forma completa o abreviado. Los procedimientos para obtener la información son de 3 tipos: examen estructurado, observación e información.

Escala de Desarrollo Psicomotor de la Primera infancia. Brunet-Lezine

Autores: V. Brunet, I. Lézine. Aplicación: Individual. Edad: 0-6. Editorial: MEPSA.

Es una escala para medir el desarrollo psicomotor de la 1ª infancia. Consta de 3 partes: Escala que se aplica de 1-30 meses, que se hace a la madre o persona encargada del niño; Escala del desarrollo del niño desde los 24 meses hasta los 5 años (forma antigua); Escala en su forma nueva para niños de 3-6 años, dónde hay menos pruebas verbales que en la anterior.

Escalas Bayley de Desarrollo Infantil. BSID

Autor: N. Bayley. Aplicación: Individual. Tiempo: 45 minutos. Edad: Hasta 2'6.Editorial: T.E.A

Evaluación del desarrollo mental y psicomotor en edad temprana. La prueba consta de 3 escalas diferenciadas: escala mental (aprecia aspectos relacionados con el desarrollo cognitivo y la capacidad de comunicación), escala de psicomotricidad (evalúa el grado de coordinación corporal y habilidades motrices finas en dedos y manos) y el registro del comportamiento (analiza la naturaleza de las orientaciones sociales y objetivas hacia el entorno). Hay un nuevo formato "Escala Bayley 2" que comprende desde 1 mes hasta 3 años y 6 meses. Además, puede aplicarse a niños normales, prematuros, autistas y deficientes mentales.

Currículo Carolina. Evaluación y ejercicios para bebés y niños pequeños con necesidades especiales.

Autor: N. M. Johnson-Martín, K. G. Jens, S. M. Attermeier y B. J. Hacker. Versión Española : R. Lutkins y Mª V. de la Cruz. Aplicación: Individual. Tiempo: Variable. Edad: Hasta un nivel de desarrollo de 2 años. Editorial: T.E.A.

Valoración e intervención para niños con limitaciones leves, moderadas o múltiples, con 26 secuencias lógicas que abarcan 5 áreas: cognición, comunicación, adaptación social, motricidad fina y gruesa.

EOD. Escala Observacional del Desarrollo.

Autor: F. Secadas. Aplicación: Individual. Tiempo: Variable. Edad: 0-17. Editorial: T.E.A.

Diagnóstico del desarrollo evolutivo: descripción y explicación de los procesos y métodos de intervención. En 1988 se publica la 1ª Escala de Observación que posteriormente es ampliada (inicialmente de 0 a 6 años y en la actualidad de 0 a 17) y además incorpora un profundo estudio de los procesos que rigen el desarrollo evolutivo. Se proponen medidas de intervención de los comportamientos observados.

Escala de Desarrollo de niños ciegos. Leonhardt.

Autor: Mercé Leonhardt, O.N.C.E. Aplicación: Individual. Tiempo: Variable. Edad: 0-2 (bebés y lactantes ciegos congénitos totales).

Consta de 173 ítems organizados en seis parámetros, correspondientes a distintas áreas de desarrollo: Postura-Motricidad, Sentido auditivo, Interacción-

Comunicación, Sentido Táctil (conocimiento y motricidad fina), Desarrollo cognitivo y Hábitos.

4.1.2. Impresión diagnóstica

A menudo los casos de bebés en los primeros meses no presentan un diagnóstico definido, comienzan un programa de Estimulación derivados desde los servicios de salud: pediatras de atención primaria, unidades de neonatología, o neuropediatría. Es necesario, por tanto, ir discriminando si existe un trastorno, un retraso madurativo o una patología que más tarde será diagnosticada.

El diagnóstico, principalmente, es un diagnóstico funcional y de presunción: una determinación cuantitativa y cualitativa de las alteraciones del desarrollo, de las capacidades y posibilidades de evolución. El momento de este diagnóstico es precoz, en el sentido de observar ciertos signos de alarma que permiten sospechar alguna patología o la no aparición de conductas clave evolutivas.

En este punto del proceso contamos con una amplia información: datos personales, motivo de la solicitud, origen de la derivación al tratamiento, informes de otros profesionales, una valoración inicial de la primera entrevista y una evaluación del desarrollo a través de la observación y de los resultados en las pruebas utilizadas. A partir de aquí podemos establecer:

- El momento evolutivo en el que se encuentra el niño
- Las áreas en las que hay que incidir con mayor dedicación
- Las áreas o actividades que sirven de puente facilitador
- Las necesidades y los apoyos familiares necesarios

4.1.3. Programa Individual de atención Temprana

Se elabora para cada niño en concreto e incluye la impresión diagnóstica, la intervención (objetivos, actividades, frecuencia de las sesiones), nivel de la intervención (preventivo, intensivo y/o apoyo en el entorno), el profesional de referencia y las revisiones de seguimiento programadas.

Definición de objetivos y programación de actuaciones

Una vez hecha la valoración se marcan unos objetivos generales y específicos por áreas. Se tienen en cuenta las prioridades y los requisitos para acercarse a ellos. Es importante la implicación de la familia, tanto en fijar la asistencia y comprender los objetivos, como en seguir pautas en el domicilio según estos objetivos. Para ello se les entrega en un documento escrito el programa de desarrollo individual donde se especifican: la frecuencia de las sesiones, la duración, los objetivos y las actividades y el profesional de referencia.

El proceso de intervención directa debe ser sistemático en las sesiones estableciendo reforzadores que nos van a permitir mejorar la motivación en el niño, mantener el sentimiento de competencia en los padres, evitar situaciones de percepción de fracaso y controlar conductas que pueden interferir en el seguimiento del programa. En la Bibliografía se ofrecen unos manuales que se refieren a la calidad y las buenas prácticas en la intervención.

Existen programas generales sobre inventarios de conducta muy estructurados por edad. Otros programas son específicos para ciertas patologías como en el caso de deficiencia visual, ceguera, deficiencia auditiva, parálisis cerebral o deficiencia mental.

Objetivos generales en Estimulación

- Optimizar el curso del desarrollo en la medida de lo posible, hasta que los límites de la propia evolución y de las condiciones del trastorno lo permitan.
- Facilitar la adquisición de aquellas pautas de desarrollo que puedan favorecer la maduración del SNC y que no se han producido en su momento cronológico esperado (retraso psicomotor).
- Aportar las habilidades básicas que son imprescindibles para el aprendizaje, repertorios básicos de conductas: atención, memoria, comprensión y comunicación.
- Habilitar, rehabilitar funciones y detectar dificultades en casos de riesgo (trastorno psicomotor).
- Favorecer los hábitos de autonomía personal para conseguir una mejor normalización social.
- Reducir los efectos de una deficiencia sobre el conjunto global del desarrollo y procurar una evolución de las competencias preservadas adecuada y progresiva. Evitar o reducir la aparición de efectos secundarios o asociados.
- Introducir mecanismos de compensación, de eliminación de barreras y de adaptación a necesidades específicas.
- Atender a las necesidades y demandas del entorno en el que vive el niño. Implicar a la familia en el proceso, orientar y asesorar a los padres.
- Considerar al niño como agente activo de la intervención. Procurar y mantener una relación positiva del profesional con el niño.

Objetivos específicos por áreas de 0 a 2 años:

- Área social

    - Facilitar conductas de autonomía personal
    - Potenciar la adaptación al medio
    - Establecer relaciones emocionales adecuadas con las figuras significativas

- Área de lenguaje

    - Mejorar y mantener una capacidad de comprensión adecuada al nivel de edad
    - Establecer y facilitar estrategias de comunicación

- Estimular la aparición del lenguaje oral
- Área motora
    - Mejorar y potenciar la adquisición de conductas motoras básicas
    - Establecer una habilidad manipulativa adecuada
    - Posibilitar la coordinación de movimientos
- Área perceptivo-cognitiva
    - Optimizar la capacidad de resolver problemas
    - Inducir a la intencionalidad y la anticipación como estrategias
    - Adquirir la permanencia de objeto
    - Impulsar a comprender las relaciones de causalidad y de medios-fines
- Repertorios básicos de conducta
    - Facilitar periodos de entrenamiento en atención
    - Favorecer la capacidad de memoria

En cuanto al papel de la familia, ya que constituye también un objetivo principal, hay que tener en cuenta que las familias con un menor discapacitado refieren repercusiones negativas en la adaptación a la nueva situación (IMSERSO, 2000):

- Las relaciones familiares se complican
- Las relaciones con los amigos disminuyen
- La adaptación al entorno es más difícil
- La situación laboral y profesional se ve comprometida en especial para las madres
- El equilibrio personal se ve afectado
- La situación económica puede perjudicarse
- La posibilidad de ocio y tiempo libre es menor

Las familias hacen las demandas principalmente en: la mejora de la comunicación del diagnóstico de una forma adecuada y en procurar facilitar la estabilidad en la adaptación en el sentido de crear espacios de diálogo y de transmisión de la información y pronósticos acreditados.

4.2. TÉCNICAS DE INTERVENCIÓN.

*Básicamente se utilizan los **procedimientos generales de aprendizaje**, asociativos: condicionamiento clásico y operante; no asociativos: habituación y sensibilización; aprendizaje perceptivo: configuración y por modelos; y aprendizaje simbólico. Es muy necesario conocerlos e integrarlos en la práctica para utilizarlos de la manera más adecuada a cada situación. El niño con sus rasgos individuales y con un estilo de aprendizaje propio nos obliga a flexibilizar las actuaciones.*

La conducta se define como algo fundamentalmente observable. Es necesario delimitar la conducta que queremos enseñar, qué variables la hacen aparecer y qué variables la mantienen, controlar la frecuencia con la que aparece y facilitar su generalización en otros contextos. Para aprender necesitamos analizar qué conducta queremos cambiar, cuáles queremos aumentar o disminuir en su frecuencia. Para ello hay que seguir la secuencia de habilidades esperadas en el momento evolutivo, cambiar algunas conductas no deseadas por otras más adaptativas, enseñar más de una conducta de manera simultánea.

- *Análisis funcional de la conducta:* se trata de identificar las variables que están manteniendo una conducta, para conseguir establecerla, aumentarla o disminuirla y eliminarla si consideramos que interfiere en el desarrollo.

- *Condicionamiento clásico:* se aprende la relación entre un estímulo condicionado y uno incondicionado. El estímulo incondicionado aporta una respuesta incondicionada, es decir, refleja, persistente, innata y universal. El estímulo condicionado provoca una respuesta condicionada. Al asociarse el estímulo incondicionado con un estímulo en principio neutral se produce una respuesta condicionada.

- *Condicionamiento operante:* en la persona incrementa o disminuye la probabilidad de aparición de una conducta se incrementa o disminuye en función de las consecuencias. Permite instaurar una nueva respuesta y hacer desaparecer otras. Para ello se manejan: el reforzamiento, el castigo, la extinción y el entrenamiento en discriminación.

- *Habituación y sensibilización:* el organismo se acostumbra a la presencia de un determinado estímulo y responde con la misma intensidad a estímulos cada vez más débiles. Se tienen que dar ciertas condiciones: un periodo grande de exposición al estímulo, una determinada intensidad, frecuencia y otros factores individuales.

- *Aprendizaje por modelos:* es observacional, se produce por imitación de un modelo significativo. A veces, se produce sin que el modelo se dé cuenta mediante procesos cognitivos, sobre todo de atención y memoria. Se asocia el comportamiento del modelo y también las consecuencias del mismo.

- *Aprendizaje simbólico:* se produce mediante instrucciones. Hay una relación de contingencia entre el estímulo del contexto o entre estímulo y comportamiento. Está mediado por signos, símbolos, referencias o por el lenguaje. Se produce especialmente en contextos sociales. Para que se produzca es necesaria la motivación de la persona, el conocimiento del contexto cultural y el conocimiento de las claves del lenguaje.

5. DESARROLLO EVOLUTIVO DE 0 A 2 AÑOS.

En este periodo de edad se adquieren las capacidades fundamentales que se van a utilizar durante toda la vida y se van a establecer los repertorios básicos de conducta: la atención, la memoria, la comprensión y las estrategias de comunicación. En el primer año las adquisiciones de producen se manera muy rápida y aunque lo más evidente es el desarrollo motor hay otras competencias más complejas y significativas, el niño comienza a tomar conciencia del mundo que le rodea. El segundo año se caracteriza por la adquisición de patrones que le van a servir para comunicarse con el medio. En estos patrones hay un componente gestual muy importante mientras comienza a aparecer el lenguaje oral. También participa de manera activa en la satisfacción de sus necesidades básicas de alimentación, en el vestido o en el aseo personal, consiguiendo una relativa y valiosa autonomía.

En los inventarios de desarrollo pueden encontrarse de manera detallada las conductas esperadas para cada nivel de edad, de manera resumida ofrecemos aquí algunas de las que son más significativas para comprender y valorar un desarrollo adecuado.

5.1. DESARROLLO COGNITIVO

Tomamos como referencia los paradigmas de J. Piaget. En el periodo sensoriomotor, desde el nacimiento hasta los 2 años. Dentro de él describimos lo que se produce en los distintos aspectos de: permanencia de objeto, relaciones en el espacio, relaciones entre los objetos y causalidad, capacidades que van transformándose y haciéndose más complejas en paralelo con la mayor competencia del bebé.

Estadio 1: Utilización de los Reflejos

El hombre cuenta con una serie de conductas reflejas que tienen una función de protección. Los llamados reflejos primitivos, se encuentran presentes en el momento del nacimiento e indican el control subcortical del sistema nervioso. Estos reflejos desaparecen en diferentes épocas durante el primer año como señal de un normal desarrollo neurológico, dando paso a conductas voluntarias. Es importante conocer estas reacciones, observar cuales se hayan presentes para valorar el estado neurológico del bebé.

Comprende desde el nacimiento hasta el primer mes. El niño utiliza sus reflejos innatos que comienzan a ser modificados por la experiencia. Los más estudiados son los de succión y de prensión, que se van modificando por la experiencia y la necesidad de adaptación hasta hacerse una conducta voluntaria. El niño succiona no sólo en situación de alimentarse. Aquí Piaget ve un ejemplo de asimilación funcional: el bebé aprende a reconocer el pezón pero también a buscarlo y a distinguir el objeto que chupa y le alimenta y a distinguir otros que chupa y no le alimentan, lo cual supone un esfuerzo de acomodación.

Para Piaget, un reflejo empieza a ser un aprendizaje cuando se transforma en un esquema. Estas conductas pueden continuar a lo largo del tiempo y se convierten en hábitos, que llegan a derivar en actividades. Otras, sin embargo, son adaptativas y supervivenciales y llegan a desaparecer con el tiempo. Por último hay otras conductas reflejas llamadas arcaicas que se pierden rápidamente y que se cree que fueron de gran utilidad en un momento anterior de la evolución humana.

Estadio 2: Reacciones circulares primarias.

Se trata de las primeras adaptaciones adquiridas. Tienen lugar desde el primer mes hasta los cuatro meses. Son patrones simples, hábitos de acción que se producen en un primer momento de manera casual, pero que consigue un efecto agradable o atractivo por lo que el bebé repite la acción una y otra vez. Lo que define una reacción circular primaria es que el efecto inicial se produce de forma fortuita y las acciones se centran en el propio cuerpo.

Aparecen los primeros hábitos o primeras adaptaciones adquiridas que aún carecen de intencionalidad, por ejemplo la coordinación de la mano con la boca. También las primeras anticipaciones (cuando tiene hambre mira alrededor esperando).

Hay una pre-imitación, es capaz de incorporar actividades que ha realizado por sí mismo con anterioridad, repite conductas de las que ya disponía. Hay una coordinación de modalidades sensoriales y una expectación pasiva (sigue con la mirada al adulto).

Estadio 3: Reacciones circulares secundarias.

De los cuatro a los ocho meses de vida el bebé muestra una mayor intencionalidad prolongando actos que le resultan interesantes. Nos encontramos con una actividad que se repite una y otra vez después de un resultado inesperado que resulta interesante, cuando el objeto es exterior al niño se trata de reacciones circulares secundarias. Esta actividad es casi intencional, no se propone una meta, pero busca la forma de repetir el resultado y relaciona sus acciones con el resultado.

La asimilación se muestra como "reconocimiento motor", es decir, ante ciertos espectáculos el niño esboza una acción. La acomodación se produce cuando se prolongan esquemas que ya existían antes.

La permanencia de objeto avanza aunque con limitaciones, anticipa las posiciones del objeto que se mueve: busca en la dirección que cae, realiza movimientos para cogerlo, lo busca aunque se vea de manera parcial.

En relación con el espacio el progreso se concreta en la prolongación de la acción por el objeto. Las relaciones espaciales se centran en el objeto y en la actividad motora.

Estadio 4: Coordinación de esquemas secundarios, aplicación a situaciones nuevas.

Se manifiesta de los ocho a los doce meses de vida. Los esquemas que el bebé ya conoce los aplica fuera del contexto donde surgieron. En esta etapa se acentúa la descentración del cuerpo, se producen los primeros actos considerados de inteligencia, es decir, es capaz de utilizar un medio para conseguir un fin. Las llamadas conductas instrumentales. Se produce la coordinación entre esquemas secundarios, un esquema se coordina con otro y se convierte en transitivo con relación a un esquema final.

El niño anticipa acciones como la marcha de la madre o el alimento que se le acerca y no lo quiere, aunque esto no exige aún representación.

En cuanto a la permanencia de objeto: busca objetos ocultos aunque tiende a atribuir al objeto una situación determinada, es decir, lo busca donde lo ha visto desaparecer y no donde realmente está.

En imitación hay avances importantes: imita acciones con el cuerpo que son invisibles para él, acciones y sonidos nuevos.

Además comienza a descubrir las relaciones espaciales con independencia de su propia acción.

Estadio 5: Reacciones circulares terciarias. Descubrimiento de nuevos medios por experimentación activa.

Se produce entre los doce y los dieciocho meses. Se constituyen nuevos esquemas por investigación o experimentación. Se llaman terciarias porque el niño reproduce la conducta introduciendo pequeñas variaciones y observa los efectos que producen. Inventa nuevos medios (bastón, alfombra...) para conseguir fines. La asimilación y la acomodación ya están diferenciadas.

En cuanto a la conservación del objeto: es capaz de seguir una trayectoria buscando el objeto que ha sido escondido pero viendo el proceso, con desplazamientos visibles.

La imitación se hace más activa. El espacio más objetivo, las relaciones entre los objetos y entre él mismo y los objetos se hacen más claros y le permite desplazarse con cierta soltura. Construye lo que se llama "el grupo práctico de los desplazamientos".

La causalidad comienza a funcionar, descubre causas que son independientes de sí mismo y de sus acciones (por ejemplo puede utilizar un plano inclinado para sus fines).

Estadio 6: Invención de nuevos medios a través de combinaciones mentales.

De dieciocho o veinticuatro meses el bebé se encuentra con problemas para los que no le sirven los esquemas de que dispone. Ya se considera que hay permanencia de objeto adquirida, puede encontrar un objeto que se desplaza de manera no visible.

La imitación es diferida, lo que implica cierta capacidad representativa. Se produce el juego simbólico, el niño representa la realidad en pequeñas acciones cada vez más elaboradas y coordinadas. En relación con el espacio, es capaz de representar sus propios desplazamientos en relación con los objetos y el lugar que ocupan en el espacio. En cuanto a la causalidad: infiere la causa de un efecto y prevé que una causa produzca un efecto determinado.

5.2. DESARROLLO PSICOMOTOR

En el aspecto motor debemos observar conductas clave, es decir que se deben manifestar para que continúe la evolución de manera adecuada. De las más importantes son: el control cefálico, la sedestación y la marcha. Así como la desaparición de algunos reflejos y la aparición de otros. Hay un orden definido para la adquisición de las destrezas motrices y este orden es progresivo, de lo simple a lo complejo. Las principales fases son:

5.2.1. Reflejos: 0 – 3 meses

- Reflejo tónico asimétrico, también llamado de espadachín
- Marcha automática
- Succión
- Palpebral, parpadea al enfocarle la luz
- Prensión plantar, flexiona los dedos al estimularle el dedo gordo del pie
- Babinsky, abre los dedos del pie en abanico al estimular la planta
- Extensión: presionar las plantas del pie hacia arriba en supino
- Prensión palmar: la palma de la mano se cierra al rozarla
- Moro: hecha los brazos hacia atrás ante un sobresalto

5.2.2. Desarrollo de 3- 6 meses

- Comienza a producirse el control cefálico en diferentes posturas
- Se abren las manos y desaparece el reflejo de prensión palmar
- En supino hace pequeños giros hacia los lados
- Hace movimientos de aleteo y pataleo con brazos y piernas
- Desaparece el reflejo tónico-postural y los de apoyo y marcha

5.2.3. Desarrollo de 6 – 9 meses

- Voltea de supino a prono y al revés
- Repta impulsándose con los brazos
- Aparece el reflejo de paracaídas
- Comienza la sedestación y los apoyos laterales y posteriores
- Puede tomar postura de gateo y balancearse
- De pie mantiene su peso en apoyo

- Puede incorporarse de echado a sentado
- Suele desaparecer el reflejo de prensión plantar

5.2.4. Desarrollo de 9 – 12 meses

- Puede girar estando sentado
- Puede gatear
- Se pone de pie cogiéndose a un apoyo
- Se mantiene de pie agarrado y da unos pasos
- Suele desaparecer el reflejo de Landau

5.2.5. Desarrollo 12- 18 meses

- Comienza a caminar solo y mantener el equilibrio
- Puede subirse a algunos muebles solo
- Gatea por escaleras
- Se mantiene de rodillas sin apoyo
- Puede caminar hacia atrás unos pasos
- Hace cambios posturales sin dificultad

5.2.6. Desarrollo de 18 - 24 meses

- Sube y baja escaleras ayudándose y alternando los pies
- Puede llevar una pelota con el pie
- Camina deprisa y corre
- Comienza a manejar un triciclo
- Al caminar puede cambiar de dirección

5.3. DESARROLLO EMOCIONAL

5.3.1 Conducta de apego

Podemos definir el **apego** como la estrecha vinculación emocional que el niño establece con aquellas personas de su entorno que más directamente interactúan con él, generalmente las que le cuidan y satisfacen sus necesidades. Fruto de esa vinculación es el lazo invisible que le empuja a buscar su compañía y que perdura a lo largo del tiempo. La característica inconfundible del apego es procurar un cierto grado de proximidad al objeto de apego, que no siempre implica contacto físico; ese vínculo se mantiene en distintas situaciones, incluso en ausencia de la persona objeto del apego. (Al referirnos a la madre estamos hablando de la persona de referencia que procura los cuidados, auque no siempre coincide con la madre biológica)

Para realizar este punto nos hemos basado en el autor Félix López. Este autor nos describe la evolución que sigue este vínculo desde que se crea en el niño, en general, nada más nacer:

Fase 1. Orientación hacia las personas sin reconocimiento de las figuras que le cuidan (0-3 meses)

Desde los primeros momentos de vida las personas ocupan un lugar especial entre los elementos que rodean al bebé. Durante estos tres primeros meses asistimos a una progresiva orientación de las conductas y señales emocionales hacia los seres humanos. Aunque las habilidades para la interacción social se desarrollan lentamente, conforme aumentan los periodos de alerta aumentan las oportunidades de interacción.

Algunos de estos progresos en la interacción social son:

- El llanto: comienza como algo espontáneo, pero desde la segunda semana se relaciona con factores externos, la voz humana y el rostro inhiben el llanto.
- El amamantamiento: se ha constatado que aparece una alternancia de roles por parte del niño, durante las pausas y la reactivación de la succión cuando cesa la actividad materna.

Sin embargo, no se puede hablar todavía de apego porque los niños no reconocen a las figuras familiares, no las distinguen de los desconocidos. Es cierto que pueden identificar muy precozmente la voz y olor de la persona que les cuida pero esto no quiere decir que la identifique y discrimine visualmente antes de los tres o cuatro meses. De hecho si se les ofrece cuidados similares a los de la madre por otras personas los aceptaran como si se tratase de la madre.

Fase 2. Interacción privilegiada con las figuras familiares sin rechazar a los extraños (3-7 meses).

El desarrollo de la percepción visual e intermodal permite al bebé integrar percepciones de la cara, el olor, la voz y otras características de la persona que le cuida, lo cual trae consigo el reconocimiento de la figura de apego, aunque aún no rechaza a los desconocidos. Entre las conductas que nos permiten afirmar el reconocimiento de la figura materna se encuentran:

- Sonrisa diferencial: el niño sonríe más ampliamente y con mayor frecuencia a la madre que a los demás.
- Vocalización diferencial: vocaliza con mayor frecuencia en la interacción con la madre que con los desconocidos.
- Llanto diferencial: llorar cuando la madre sale de su campo perceptivo y no cuando le abandona otra persona.
- Interrupción diferencial del llanto: el llanto cesa cuando la figura materna lo levanta en brazos.

El comportamiento diferencial aumenta los cuidados de los padres hacia el bebé, que le consideran ya como un interlocutor que responde al cariño y la atención. Este cambio da lugar a un especial tipo de relación: la interacción cara a cara. Tanto el niño como los cuidadores disfrutan de la experiencia de estar coordinados. Los bebés responden mirando, sonriendo y vocalizando a las iniciativas de los cuidadores y la sensibilidad de éstos a los estados y señales del niño les permite adaptar el ritmo de su comportamiento a la disponibilidad del bebé para mantener el intercambio.

A lo largo de estos meses los cuidadores son cada vez más capaces de interpretar las señales del niño y aprenden a ajustar sus respuestas para captar y mantener la atención y como ambos participan de estas sincronías, la relación es cada vez más satisfactoria. Estas interacciones contribuyen a la formación del apego recíproco. Hasta ahora hemos hablado de las interacciones privilegiadas con las figuras familiares, pero todavía no se ha establecido el vínculo afectivo. Si la madre no está, el niño no la echa de menos, no se angustia por la separación. No se puede hablar de verdadero apego hacaa una persona específica.

Fase 3. Vinculación y miedo a los demás (8-12 meses).

Se forma el lazo afectivo (apego) no intercambiable, hacía la madre o quien haga las veces de ésta. Uno de los criterios más aceptados a la hora de afirmar el establecimiento del apego es la ansiedad de separación. La ausencia de la figura de apego genera inquietud: el niño protesta, llora, intenta seguirla, manifiesta agitación motriz, etc., y cuando vuelve se aferra a ella. Establecido el lazo afectivo, el comportamiento de apego se organiza y se hace más flexible. Las conductas de apego, antes aisladas, se integran en un plan de conducta. Cuando el umbral de distancia se excede o el niño percibe señales de peligro el sistema se activa. Se pone en marcha diferentes recursos de comportamiento (llanto) para restablecer la proximidad. La respuesta no es fija ya que el plan es flexible en los medios.

Las figuras de apego se convierten en una base de seguridad para el niño, a partir de ella el niño inicia una exploración de la realidad. Cuando los niños están en lugar desconocido y pierden el contacto con la figura de apego, paralizan la exploración e inician una búsqueda ansiosa, llamadas, protestas, etc. Su seguridad y atrevimiento se transforman en inseguridad y paralización.

Poco después de establecerse el apego se modifica también el comportamiento frente a las personas desconocidas, observándose reacciones de inquietud, rechazo, evitación o temor intenso. Se ha constatado que esta reacción aumenta en intensidad a finales del primer año para comenzar a declinar a partir de los 18 meses.

5.3.2. Expresión de las emociones.

Durante el primer mes, el bebé se aquieta al sonido de una voz humana, sonríe cuando le mueven las manos y se las ponen juntas para jugar a dar palmaditas. Cada día que pasa, responde más a la gente sonriendo, arrullándose, agarrando objetos...

Al nacer, su grito indica incomodidad física; más tarde, posiblemente expresa angustia psicológica. Sus primeras sonrisas con frecuencia son espontáneas como una expresión de bienestar interno. Después de unos meses, las sonrisas son, con más frecuencia, señales sociales en las cuales el bebé muestra su agrado por otras personas.

- *El llanto*

Es la forma más poderosa y a veces única para los bebés cuando necesitan algo, el llanto es un medio vital de comunicación. Desde la primera semana de vida lloran cuando sienten hambre, frío y cuando están desnudos o despiertos. Durante las siguientes semanas, también lloran cuando se les interrumpe la comida, cuando se los estimula estando incómodos y cuando se los deja solos en un cuarto.

Se pueden observar cuatro patrones de llanto:

- Llanto de hambre básico: llanto rítmico que no siempre está asociado con hambre.
- Llanto de ira: variación del llanto rítmico en el cual un bebé expele el exceso de aire a través de las cuerdas vocales.
- Llanto de dolor: ataque súbito de llanto en voz alta sin quejidos preliminares, o grito inicial prolongado seguido de un período largo de retención de la respiración.
- Llanto de frustración: empieza con dos o tres gritos largos sin períodos largos de retención de la respiración.

- *La sonrisa*

La sonrisa se desarrolla por etapas. La primera sonrisa tímida aparece muy pronto después del nacimiento y ocurre en forma espontánea como resultado de la actividad del sistema nervioso central, frecuentemente, aparece cuando el niño se está quedando dormido. Esta sonrisa refleja se puede observar en los músculos faciales inferiores, mientras que la sonrisa social incluye los músculos de los ojos. Durante el segundo y tercer mes pueden reconocer a distintas personas y sonreír de manera más amplia.

- *La risa*

Aparece durante el cuarto mes aproximadamente cuando se le estimula por contacto o con determinados sonidos. De los siete a nueve meses ríe ante situaciones más complejas. El cambio refleja su desarrollo cognitivo, ríe ante lo inesperado a la vez anticipa la reacción del adulto.

- *La rabieta*

Las rabietas son uno de los signos que manifiestan la evolución en el desarrollo, el deseo de ser comprendidos y el intento de tomar decisiones manejando el ambiente y las personas que le rodean. Son frecuentes de los nueve a los doce meses.

5.4. DESARROLLO DE LA COMUNICACIÓN.

Siguiendo la teoría de Vygotsky (2004) que afirma que "todas las funciones superiores se originan como relaciones entre seres humanos" podemos decir que el niño ya desde los primeros meses muestra una cierta predisposición al intercambio social. En esta etapa se establecen los prerrequisitos funcionales de la comunicación que más adelante van a potenciar el lenguaje: la sensibilidad cinestésica, las capacidades receptivas y expresivas y los ritmos y el pautado temporal. Los niños, en el periodo de 0 a 6 meses, parecen estar dotados de programas de sintonización, armonización y de respuesta diferencial hacia las personas. En un momento posterior se manifiestan los procesos que llevan a la comunicación simbólica: acciones combinadas con interacciones que facilitan la emergencia de la capacidad de representación. La comunicación es algo que va más allá de la interacción, implica la mutualidad, la reciprocidad y la intersubjetividad. En el periodo de 18 a 24 meses se asientan las bases para la aparición del lenguaje: por un lado la capacidad de representación con la permanencia de objeto, la anticipación, y el conocimiento espacial; por otro, posterior, la capacidad de simbolización: con la imitación diferida, el juego simbólico y la comprensión de imágenes.

5.4.1. Prerrequisitos funcionales de la comunicación.

La **sensibilidad cinestésica** se refiere a una sensibilidad difusa, global que después dará paso a sensaciones más localizadas. Es un conjunto de ritmos, presiones, equilibrio, tono muscular y temperatura, afecta al Sistema Nervioso Autónomo. Más que comunicación es una "sintonía emocional": los individuos en contacto intuyen que comparten el mismo tono emocional, que sus sentimientos fluyen de uno a otro, que sus ritmos están en resonancia.

Las **capacidades perceptivas**, auditivas y visuales tienen un papel muy relevante. Se ha demostrado que el hablar cerca de los recién nacidos provoca en ellos leves movimientos que son sincrónicos con el sonido de la voz humana (Condon y Sander, 1974). Los niños son sensibles a los aspectos rítmicos del habla, prefieren la voz de la madre a otras. Además, el habla de la madre es rico en modulaciones, exagerado e impregnado de afecto y tiene una función predominantemente expresiva.

En cuanto a las capacidades visuales, los estudios indican que el niño posee un esquema innato al rostro humano. A las seis semanas el niño sonríe a una configuración en la que solamente aparecen dos puntos en posición de "ojos" (Bower, 1974). A los dos meses el niño empieza a fijarse en el rostro humano. Trevarthen, (1998) comprueba que cuando la madre muestra el rostro inexpresivo y serio el niño se desazona y acaba llorando, esto sería una prueba de que poseen ciertas expectativas rudimentarias de lo que es un rostro "amigo" y que cada una de las partes del rostro emite señales según su estado de ánimo y su disposición para continuar la interacción. A través de las expresiones afectivas del rostro se inicia un mutuo control de los procesos intencionales y cognitivos propios del ser humano.

El niño manifiesta **ritmos y pautas temporales**, ritmos innatos que le impone su sistema nervioso (alimentación, sueño/vigilia). De manera gradual hay una reorganización con los ritmos del medio ambiente. Entre estas conductas rítmicas la más estudiada ha sido la succión, esta conducta primero obedece a una regulación intrínseca, puramente nerviosa (chupeteos y pausas), pero la madre introduce cambios en los ritmos, otras variables en las pausas, de manera que se forman "turnos de intervención". Esto se considera un esbozo de lo que será el diálogo interpersonal (Kaye, 1982). Más tarde serán los juegos "a dúo" los que continuarán esta estructura alternante.

Programas de sintonización: hay una sintonización preferente con las características que definen a los miembros de su especie, esto quiere decir, que el niño sintoniza, responde a estímulos como por ejemplo a patrones tridimensionales, con movimiento, con contornos redondeados, medianamente brillantes, como los que definen a la cara humana. También sonidos con frecuencia de intensidad y de estructura semejante a los de la voz humana.

Programas de armonización: el niño armoniza sus respuestas con los estímulos que le proporcionan otras personas. Ocurre en la imitación neonatal y en la sincronía interactiva (con el habla).

Programas de respuesta diferencial: Brazelton (1993) y Trevarthen (1998) observan que los bebés realizan ante las personas movimientos semejantes a gestos, que a su vez, evocan respuestas sociales por parte de estas personas. Parece haber una orientación preferente hacia las personas, pero también los adultos interpretan estos proto-gestos como acciones intencionales y comunicativas, auque no sea así necesariamente, le dan un significado.

5.4.2. Procesos hacia la comunicación simbólica.

Las cualidades que hacen singular la comunicación humana son dos: la intersubjetividad entre los comunicantes y el poseer una referencia. Las dos están fundidas y son inseparables.

La ***intersubjetividad*** es un proceso en el cual se comparte un significado. Las miradas mutuas, la alternancia de los balbuceos del bebé con los del adulto es lo que Bateson llama: protoconversaciones. Poco a poco las vocalizaciones se hacen más significativas. La discriminación entre la respuesta a la madre y la respuesta a los objetos es lo que Trevarthen ha llamado intersubjetividad primaria (de los 4 a los 9 meses), aunque para este autor sería algo innato, mientras que para otros, el niño actúa por las contingencias del adulto (Bates, 1976).

Después de los 9 meses hay un gran cambio, los objetos se incorporan al intercambio social. Hay ya una estructura de comunicación, la persona es un agente que ayuda a conseguir un objeto. El adulto comparte con el niño los objetos, le enseña su uso e interpreta sus intenciones, esto hace progresar la actividad del niño y éste comienza a comprender las consecuencias de sus actos y a surgir la intencionalidad. Esta es la intersubjetividad secundaria, el adulto y el niño hacen un sistema social, ahora la coordinación y los ajustes que hace el niño son intencionados. Sólo cuando se comparten significados se pueden compartir intenciones.

La referencia. Es un fenómeno psicológico complejo, el niño actúa como si el otro le comprendiera y llama la atención sobre algo que no tiene que ver con la satisfacción de sus necesidades elementales. La referencia aparece cuando las miradas del adulto y del niño convergen en algún objeto o persona que se encuentre cercano. El adulto está atento a dónde se dirige la mirada del niño y qué le interesa. El niño señala algo acompañado de vocalizaciones y miradas: *protodeclarativos* (5-6 meses) esto hace que surja un centro de interés compartido; también señala, sobre los 9 meses y pretende que le alcancemos un objeto: *proto-imperativos* (Bates, 1979). En los juegos a dos, entre adulto-niño con objetos, el niño completa o imita la acción esbozada son los llamados *formatos de acción conjunta* (Bruner, 2001) que impulsan la comunicación.

En este periodo preverbal los aspectos de intersubjetividad y referencia surgen para manifestarse plenamente en la comunicación lingüística.

La evolución del desarrollo de 0 a 2 años en su complejidad se puede reflejar en el siguiente esquema:

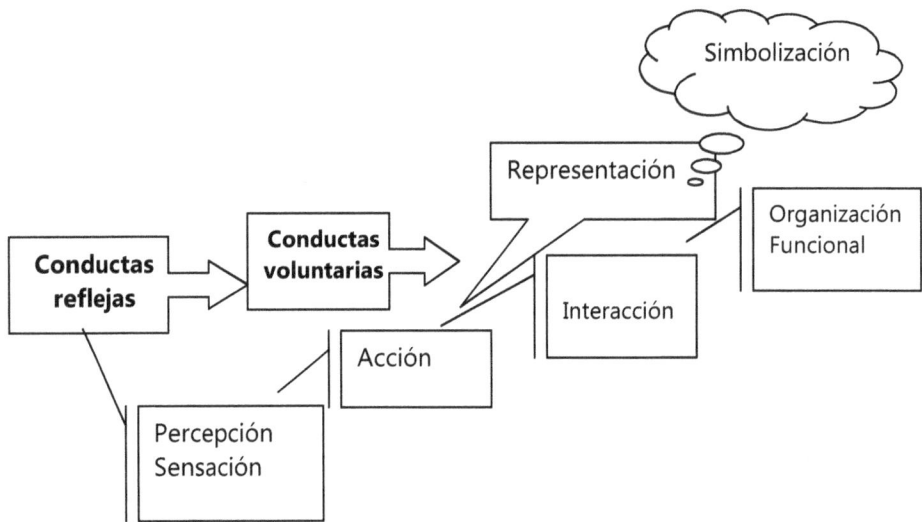

Capítulo II

ENFOQUE TERAPÉUTICO DEL RETRASO PSICOMOTOR EN ATENCIÓN TEMPRANA. ESTIMULACIÓN MOTÓRICA.

1. INTRODUCCIÓN

La llegada al mundo de un bebé, en nuestra sociedad actual, suele ser motivo de alegría. Afortunadamente cada vez hay más información sobre planificación familiar, sobre los cuidados durante el embarazo, más controles sanitarios prenatales, más medios para la atención al parto y más tecnología y buenas prácticas para la atención a la infancia que favorecen que todo marche bien en esta gran aventura que es traer una vida al mundo.

Pero aún así las cosas pueden complicarse, en la etapa prenatal, durante el parto o durante la primera infancia, provocando un cuadro diagnóstico que denominamos retraso psicomotor y que hace referencia a que sus logros en el desarrollo (en una, varias o todas las áreas y observable desde el nacimiento y los tres primeros años) aparecen a un ritmo más lento o de una manera alterada.

Es un diagnóstico "provisional" e inespecífico ya que no determina ni especifica en sí mismo las causas ni se puede inferir de él un pronóstico.

Lo único que nos indica es que algo no marcha bien en alguno de los muchos procesos que permiten relacionarse al niño con el ambiente y con su entorno, procesos sin los cuales el niño no va a poder descubrirse, conocerse, diferenciarse ni crear una imagen positiva de sí mismo.

Esta interferencia, que impide el esperado desarrollo evolutivo, puede derivarse o bien de alguna alteración inherente al propio individuo, como puede ser alguna alteración genética, una lesión cerebral, una alteración metabólica, etc..., de una situación ambiental desfavorable que carezca de situaciones u oportunidades estimulantes, o de una relación de vínculo difícil o no satisfactoria.

En estos casos las Unidades de Atención Infantil Temprana atienden tanto al niño, como a sus familias, como al ambiente en el que ambos interaccionan para minorizar este retraso y favorecer al máximo el desarrollo evolutivo de este niño en el contexto de su familia y en su entorno.

2. ¡BIENVENIDO AL MUNDO!

Ya incluso antes de ser concebido muchos bebés son deseados en el inconsciente de sus padres. Padres que sienten un deseo de tener un hijo, amarlo y criarlo. Y ya en este deseo, de algún modo, se proyectan ilusiones y expectativas, quizás difusas, pero que suelen tener relación con aspectos de nuestra propia infancia y vida en general, quizás con algún deseo insatisfecho, con algún reproche sobre cómo nos educaron a nosotros, con algún valor, prejuicio o interés propio.

Esto es normal y a la vez casi inevitable ya que no somos más que un cúmulo de vivencias y nuestras ideas, pensamientos y razonamientos son siempre estructurados sobre nuestras experiencias vitales y sobre los castigos y recompensas obtenidos en la vida.

Podríamos decir que somos lo que vivimos y en función de ello actuamos y nos relacionamos.

Así es, que cuando nace un bebé siempre llega con una mochila cargada de expectativas. Hay padres más exigentes y otros menos. Unos lo verbalizan de algún modo y otros quizás no son tan conscientes de ello. Pero la expectativa que sí tienen todos es la expectativa de la salud y la normalidad en el desarrollo.

Los padres están preparados para tener un hijo sano y un hijo "normal".

Los screening y pruebas diagnósticas prenatales con resultado de normalidad son recibidos con gran felicidad por parte de los futuros padres.

Los que indican malformación, síndrome o alto riesgo de anormalidad son vividos con angustia y profunda tristeza por parte de también futuros padres que tendrán que decidir, en ciertos casos, si seguir con el embarazo o no.

Ambas decisiones son duras. Y ambas implican un proceso de duelo: ambas por perder al bebé pensado e imaginado.

En caso de seguir con el embarazo la espera se hace larga y angustiada por la incertidumbre y el desconocimiento o incapacidad de pensar e imaginar a este "nuevo" bebé que está por llegar.

Para las familias que pasan por estos procesos es importante el cómo se les da la información y el tipo de ayuda que se les brinda.

Un buen apoyo profesional en la toma de estas decisiones y en el

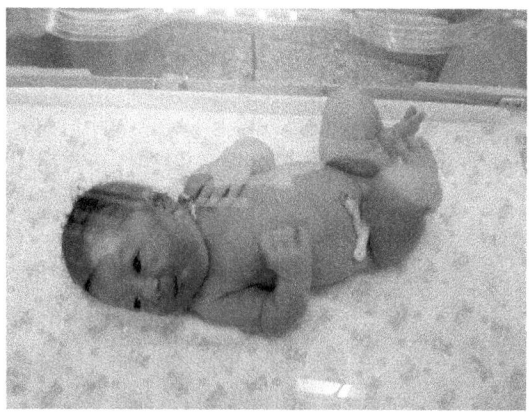

acompañamiento en el resto de embarazo ayuda a preparar a la familia para el recibimiento de este nuevo miembro y poder decirle, con plena alegría:

"¡Bienvenido al mundo!".

En cualquier caso este recibimiento es el que debería recibir cualquier bebé. Y este cometido nos compete a todos los profesionales que, de un modo u otro, atendemos tanto al niño como a la familia en todo este proceso.

3. APRENDIENDO A APRENDER:

3.1. ¡PERO QUÉ PRECOZ!

En el mejor de los casos, y en su mayoría, las cosas van bien.

El embarazo empieza, o debería empezar, con el deseo de una mujer adulta que prepara su cuerpo para albergar una futura vida (dosis de ácido fólico, reduciendo o anulando el consumo de alcohol, tabaco, otras sustancias nocivas...).

Y en cuanto ya la fecundación es realizada ya empieza el ambiente a tener influencia sobre este ser pudiéndole afectar en su desarrollo una serie de variables como pueden ser, por ejemplo, el estado de salud materno (niveles de glucosa, anemias, alteraciones tiroideas,...), cuidados en la nutrición, los niveles de estrés de la madre, el hecho que ésta tenga un nivel de actividad física normal o tenga que estar a reposo, etc...

Aspectos, muchos de ellos, controlados por el sistema sanitario. Otros, desgraciadamente, siguen sin tener la importancia que deberían.

Pero sigamos pensando que todo va bien y que esta mujer adulta tiene una

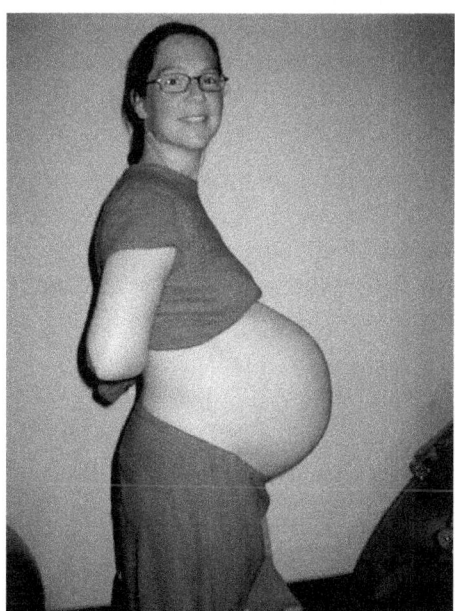

buena salud, está bien controlada por el sistema sanitario, tiene una alimentación adecuada, no necesita estar a reposo y su día a día no le supone grandes niveles de estrés, lo cual le permite disfrutar de cada etapa de su embarazo y prepararse, física y emocionalmente, para la llegada del bebé.

Durante estos nueve meses sabemos que el bebé ya "aprende".

Aprende a reconocer los ruidos propios de su madre (el latido del corazón, la respiración, la voz...) y también ciertos sonidos externos, y es capaz de responder a ellos a través del movimiento lo que constituye ya una primera adaptación al mundo externo.

Y es sobre esta capacidad sobre la que se han elaborado métodos de estimulación prenatal como puede ser la estimulación mediante música o mediante la propia voz de los padres. Este tipo de estimulación se relaciona con facilidad, a posteriori, para el aprendizaje de idiomas y con la capacidad para relajarse cuando el bebé oye la melodía con la que había sido estimulado en la etapa prenatal.

Otras teorías, como la de la integración sensorial desarrollada por Jean Ayres, recomiendan a la embarazada mecerse todos los días un ratito para estimular el sistema vestibular del feto, y apuntan cómo puede afectar en el sistema vestibular del niño el hecho de haber pasado su madre el embarazo a reposo absoluto.

Esta misma teoría indica la gran importancia de la entrada de la estimulación táctil en el feto.

No es difícil entender entonces cuán beneficioso debe ser para el feto, sobretodo en los últimos meses, estar en una posición de flexión y de máximo contacto, tanto con su propio cuerpo como por la envoltura del útero, envuelto de líquido amniótico, protegido, a una temperatura constante... Y cuánta información se pierden los grandes prematuros, "desplegados" tan pronto...

Por tanto ya sabemos que, incluso antes de nacer, el bebé ya está listo para captar estímulos y "usarlos" de algún modo y vemos que, cualquier alteración en el normal desarrollo del embarazo puede suponerle un déficit en el proceso sensorial que le preparará para la vida fuera del útero, déficit que, en algunos casos, pueden traducirse en un retraso psicomotor.

Cuando llega al parto el bebé tiene que enfrentarse a lo que algunos autores, como el psicoanalista Otto Rank, denominan el "trauma del nacimiento". Trauma porque consideran que el trayecto que hay que pasar para nacer puede suponer un momento complicado que a veces va a dejar huella, bien física, bien psíquica y que puede traducirse en alteraciones del desarrollo.

También la terapia sacrocraneal y la liberación somatoemocionales, de John E. Upledger, trabaja sobre la teoría de que el paso por el canal del parto puede alterar el movimiento rítmico del sistema sacrocraneal pudiendo provocar, entre otros, alteraciones motoras y de coordinación, desórdenes infantiles, trastornos de aprendizaje, desórdenes del sistema nervioso central, etc...

Nacer también puede provocar, en este caso en la madre, una depresión post-parto pudiendo verse afectada la relación de vínculo y pudiéndose traducir, a su vez, en un desorden psicomotor.

Y ya, en casos más graves, lo que puede suponer nacer es un trauma más físico, provocado por una anoxia durante parte del proceso, que se traduzca en una lesión cerebral y que desencadenen una parálisis cerebral infantil o daño neurológico estable e irreversible.

Así que el proceso del parto nos marca mucho. Y, afortunadamente, en la mayoría de los casos, nos marca para bien ya que, si todo marcha correctamente, el bebé pasa por el canal del parto e inmediatamente es –o debería ser- entregado al seno materno, sin perder contacto piel con piel, y con el ofrecimiento del pecho y el inicio de la lactancia dándole así, y usando una expresión del pediatra Carlos González, "un regalo para toda la vida".

En estas condiciones se inicia el proceso del vínculo. Y con él, el inicio de un largo camino hacia el reconocimiento de ser uno mismo, diferente de la madre, diferente de todo diferente de los demás. El reconocerse como un ser único.

"Un regalo para toda la vida"

3.2. RESPIRAR, ALIMENTARSE...Y SENTIR.

La respiración y la alimentación.

Dos de los primeros actos que debe realizar el recién nacido para sobrevivir. Ambos están interrelacionados y deben sincronizarse bien para que sean exitosos. Ambos comparten musculatura y órganos comunes y ya desde la etapa prenatal se están poniendo en marcha (organizándose fisiológicamente) para realizar con efectividad las funciones vitales de la búsqueda, la succión, la deglución y la preservación de las vías aéreas. Por su implicación tan relacionada con la supervivencia la región bucofonatoria madura en su control antes que otras. Y ambas íntimamente relacionadas con la motricidad.

Gracias a ellas, el recién nacido iniciará toda una serie de vicisitudes que, además de satisfacer necesidades básicas, le iniciarán en el mundo de la comunicación y de la elaboración de operaciones cognitivas que se irán integrando, con el tiempo y con la maduración, en niveles jerárquicos más complejos. Será así como las emociones, los deseos, los comportamientos intencionados irán formándose y tomando sentido.

Pero además de estas dos funciones vitales lo que el recién nacido necesita, tan importante como el comer y el respirar es el sentir.

Las sensaciones son, a esta edad, el alimento principal del cerebro. Y métodos como el método canguro lo corroboran. Los prematuros que pasan tiempo en contacto piel con piel con sus madre y padres están más relajados, crecen más y pueden ser dados de alta primero.

Sentir, bien el entorno físico como las sensaciones internas, es obtener información sobre la que elaborar una respuesta que, en estas edades, estará marcada fundamentalmente por motricidad.

Un recién nacido necesita básicamente sentir y obtener respuestas adecuadas a sus demandas y necesidades para poder entender el mundo, conocer su individualidad, construir su imagen corporal y obtener una imagen positiva de si mismo.

3.3. EL DESARROLLO MOTOR.

Desde antes de nacer, y hasta bien mayores, la motricidad marca todas nuestras esferas.

Somos un cuerpo físico que siente y comunica constantemente.

Siente el mundo exterior a través de los órganos de los sentidos.

Siente el propio cuerpo y su posición en relación al espacio.

Y se comunica con el tono, la postura y el movimiento. Con expresiones, verbalmente, gestos, acciones....

Todas nuestras emociones se traducen en motricidad.

Y todo lo que somos y pensamos ha arrancado desde la motricidad.

Al principio y durante los primeros meses (y en especial durante el primer trimestre de vida) el componente motor del bebé estará marcado por la presencia de los reflejos primitivos.

Nos referimos, con reflejos primitivos, a una serie de patrones de componente motor, que ponen de manifiesto el control subcortical sobre el tono y el movimiento, que presentan los recién nacidos por su condición de inmadurez neurológica.

No será hasta que éste sistema nervioso central vaya madurando, y se vaya corticalizando, que desaparecerá el carácter de automatismo de dichos reflejos y aparecerán, en su lugar, respuestas de carácter voluntario.

Hay quien considera que el término no es apropiado ya que un reflejo es en realidad un movimiento que implica un nivel de regulación medular –por ej., el reflejo patelar; un golpecito seco en el tendón rotuliano estando la rodilla en flexión de 90° y la rodilla sistemáticamente se extiende- y, por tanto, absolutamente involuntario. Y este no es exactamente el caso de los reflejos primitivos....así que también se denominan reacciones primitivas o reacciones *arcaicas*.

Son fruto de la herencia y de las aferencias sensoriales. Se ponen en marcha ya en la etapa prenatal y son de gran valor como soporte para la función motora a lo largo de todo el ciclo vital y como evaluación del neurodesarrollo.

Con ellos el bebé empezará a sentir el movimiento en su propio cuerpo.

Y a raíz de ellos y de la interacción con los estímulos de su entorno irá poco a poco aprendiendo cómo funciona el mundo.

Algunos de los reflejos más característicos son:

- El Reflejo de prensión palmar, en el que el bebé cierra la mano en puño al sentir el contacto de un dedo del explorador en su palma de la mano. Este carácter automático desaparecerá sobre el segundo o tercer mes cuando se integre en la manipulación activa.

- Reflejo de succión: cuando algo entra en contacto con los labios del bebé éste tiende a succionarlo. Desde recién nacido hasta los 3 meses.

- Reflejo de bipedestación y marcha automática: al colocar el niño, sostenido, sobre la mesa de exploración el recién nacido endereza las piernas y, ante el desequilibrio hacia delante, realizará pasos. Hasta el tercer mes

- Reflejo de orientación: al estimular la zona peribucal del bebé con el dedo, los labios buscan dicho dedo.

- Reflejo de prensión plantar: al tocar la cabeza de los metatarsianos aparece una flexión activa. Desaparece entre los 9 y los 12 meses y permitiendo la bipedestación y la marcha.

- Reflejo de Moro: tomando el bebé en posición supina desde atrás del tórax y cabeza. Se deja caer unos 10° la cabeza hacia atrás obteniendo una respuesta de abducción de hombros y brazos, extensión de codos, seguida de abrazo. Las extremidades inferiores se extienden y luego se flexionan.

- Reflejo de apoyo: cuando, cogiendo al recién nacido por los costados, lo colocamos buscando apoyo de los pies en el plano, la respuesta obtenida es la extensión de los miembros inferiores. Este reflejo desaparece entre el segundo y tercer mes.

En caso de no desaparecer en el momento esperado indica que la maduración neurológica no se está realizando correctamente, bien por inmadurez (quizás madurará un poco más tarde) o bien por lesión.

Y el no desaparecer impedirá al niño conseguir hitos evolutivos más elaborados que precisan de control cortical.

Así, por ejemplo, el hecho de que no desaparezca el reflejo de prensión palmar implicará que el niño no podrá usar las manos para explorar ni manipular ya que cualquier contacto en la palma de la mano ésta se cerrará y bloqueará la motricidad fina. Y el no desaparecer el reflejo de prensión plantar implica la imposibilidad de la marcha.

Una vez el niño se va "liberando" de estos reflejos primitivos, y con la maduración de su sistema nervioso, ya está preparado para lanzarse a explorar todo lo que le rodea.

Y, mientras va explorando, su sistema sensorial va integrando las sensaciones que de ello se derivan y por este mecanismo de retroalimentación va construyendo estructuras cognitivas que le permitirán el ir conociendo su cuerpo y sus posibilidades así como el mundo y sus categorías. Y a su vez esto le permitirá acciones más elaboradas, etc...

En este proceso temprano en la vida de todo individuo la importancia del desarrollo motor es innegable ya que es dominando los movimientos globales del cuerpo como se obtiene la base y el inicio de todo el desarrollo psicomotor posterior ya que va a ser el que permita:

- La exploración de objetos y del espacio que nos rodea.
- El establecer límites del propio cuerpo
- El adquirir independencia física del adulto que permita, a su vez, adquirir independencia afectiva y autonomía personal.

Nacemos del movimiento. Somos movimiento.

Varios son los autores que sustentan con sus teorías la importancia del aspecto motor en la primera infancia en la organización psíquica y cognoscitiva del individuo..

Teorías que describen cómo evolucionamos desde el acto hasta el pensamiento. Desde la motricidad hasta la psique.

Autores como Dupré, Wallon, Ajuriaguerra, Winnicott, Riviere, Piaget,...

Teorías que sustentan las bases de la psicomotricidad.

PIAGET:

- Estadio sensorio-motor (0-2 años)
    - Reacciones circulares primarias
    - Reacciones circulares secundarias
    - Reacciones circulares terciarias
- Estadio pre-operatorio (2-6 años)
- Estadio de las operaciones concretas (7-11)
- Estadio de las operaciones formales (12 en adelante)

Para Piaget durante los dos primeros años de vida, durante el estadio sensorio-motor, el niño básicamente usa sus sentidos y sus capacidades motrices (confiadas en un primer momento a los reflejos primitivos) para conocer el mundo que le rodea. Son los denominados "esquemas de acción" Estos procesos le permitirán poder llegar a pensar con imágenes y conceptos.

Durante los cuatro primeros meses, realizará reacciones circulares primarias que son las que se repiten porque han causado placer. Un ejemplo es el succionar el dedo.

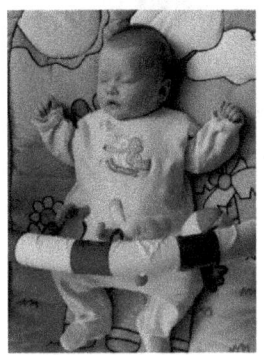

De los cuatro a los doce meses este placer se obtiene de la manipulación de los objetos. Golpear un sonajero, activar un sonido,... Ya observa el resultado de sus acciones para producirlas de nuevo. Es la etapa de las reacciones circulares secundarias.

Desde los doce meses hasta los veinticuatro estas reacciones circulares ya van siendo más elaboradas pudiendo usar un objeto para golpear o manipular un tercero. Aparece la permanencia del objeto.

Entre los dieciocho meses y los dos años el niño entra en el estadio pre-operatorio en el que, gracias a la posibilidad de representaciones elementales –adquiridas en la etapa anterior- y la emergencia del lenguaje entra en un gran progreso tanto en el pensamiento como en el comportamiento.

Hasta los tres años será incapaz de despegarse de su acción para pasar a representársela. Será entre los tres y los siete años donde se desarrollará la función simbólica.

WALLON:

- Estadio impulsivo puro.
- Estadio emocional.
- Estadio sensorio-motor y proyectivo
- Estadio del personalismo

Estadio impulsivo puro: Al nacer. Marcado por la actividad motora refleja. Los centros corticales superiores son todavía inmaduros.

Estadio emocional: a los 6 meses. Aparición de las primeras muestras de orientación hacia el mundo –satisfacción de necesidades fundamentales-. Relación de "simbiosis afectiva" con su entorno y, principalmente, con la madre. La emoción marca las relaciones.

Estadio sensorio-motor y proyectivo: del 1º al 3º año. Andar y hablar representan descubrir el espacio y actividad simbólica. La Acción es la estimuladora de la actividad mental. Sin movimiento, sin expresión motora no sabe captar el mundo exterior.

Estadio del personalismo: de los 3 a los 6 años. Consciencia del yo. Capaz de tener formada una imagen de sí mismo, afirmada con el negativismo y la crisis de oposición. Toma conciencia de la propia personalidad. Se afirmar como individuo autónomo. Importancia de intercambios sociales.

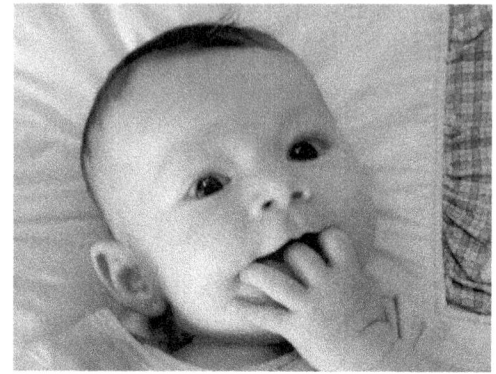

"El niño que siente va camino del niño que piensa". Wallon.

"El niño conoce el objeto únicamente a través de su acción sobre él". Wallon.

"La función motora es el instrumento de la consciencia sin la cual no existe absolutamente nada". Wallon.

Nacemos del movimiento.   Somos movimiento.

4. CONQUISTANDO EL MUNDO

Sintiendo, probando; sintiendo, interactuando, sintiendo, experimentando; sintiendo, vivenciando....

¡Así los bebés van conquistando el mundo!

Conquistando un sinfín de situaciones que van dando sentido a las reacciones y emociones, tanto externas como internas.

Esta conquista va pareja a la maduración neurológica y supone:

- Desaparición de los reflejos primitivos
- Paso del control subcortical a un control cortical
- Desplegarse; de flexión a extensión
- Inicio del control postural: base estable; simetría
- Avances a nivel sensorial, tanto en lo exteroceptivo como en lo propioceptivo.
- Conocer el cuerpo y sus posibilidades
- Conquista progresiva de la gravedad
- Elaboración de constructor cognitivos
- Reconocerse uno mismo en su globalidad.

En lo que a motricidad se refiere, clásicamente nos referimos a dos "tipos" de motricidad:

- Motricidad gruesa: es la que permite el dominio de los movimientos globales del cuerpo.
- Motricidad fina: es la que requiere de precisión y un nivel de coordinación más elevado. Es aquí donde se enmarca la motricidad manual.

ADQUISICIONES BÁSICAS DE LA MOTRICIDAD GRUESA

2 meses: control cefálico
4 meses: control ojo-mano, mano-boca
6 meses: control ojo-pie, mano-pie
7 meses: sedestación sin apoyo
8 meses: volteo boca abajo-boca arriba y viceversa
9 meses: postura de gateo y balanceo a gatas
10 meses: se sienta sin ayuda, gatea
11 meses: se mantiene de pie con apoyo, se levanta sólo
12 meses: anda con apoyo de una mano
14 meses: marcha autónoma
15 meses: trepa por una escalera a gatas
20 meses: puede levantar los pies alternativamente
24 meses: puede correr, puede saltar con los dos pies
30 meses: pata coja unos segundos, baja escaleras de frente
3 años: corre, salta distancias y alturas, sube, baja...

EVOLUCIÓN DE LA MOTRICIDAD MANUAL (2)

Recién nacido: el pulgar penetra en la boca (succión)
3 meses: coge al contacto (contacto sobre la cara dorsal de los dedos o de la mano)
4 meses: juega con sus manos
5 meses: coge un objeto
7 meses: inicio de la prensión radiopalmar
7 meses: se lleva los objetos a la boca
7-8 meses: se pasa los objetos de una mano a otra
8-9 meses: coge un cubo y luego lo suelta
10-11 meses: coge un objeto pequeño entre el pulgar y el índice
12 meses: mete un objeto en un recipiente
15 meses: realiza una torre de 2 cubos
15 meses: mete una pastilla en una botella
18 meses: comienza a comer con la cuchara
18 meses: realiza una torre de 3-4 cubos
18 meses: vuelve de 2 a 3 páginas a la vez
21 meses: efectúa una torre de 5-6 cubos
24 meses: realiza una torre de 6-7 cubos
24 meses: enfila perlas gruesas
24 meses: vuelve la página de una a una
30 meses: realiza una torre de 8 cubos
3 años: efectúa una torre de 9 cubos
3 años: comienza a utilizar las tijeras
3 años: utiliza la pasta para modelar (pastel, pastas, etc...)
3 años: utiliza cuchara y tenedor
3'5 años; forma una torre de 10 cubos

(2) M. Le Métayer, Reeducación cerebromotriz del niño pequeño, acción terapéutica. Ed. MASSON

Motricidad fina   *Motricidad gruesa*

Cada niño sigue su propio camino, su propio aprendizaje y hay que respetar su propia evolución.

No obstante debemos tener muy claro cuál es la directriz principal de ese desarrollo para poder detectar si el niño está en el camino correcto o no.

Como ya hemos mencionado en el capítulo anterior, los test y escalas de desarrollo son aquellas herramientas que reflejan las adquisiciones esperadas para cada edad. Reflejan la evolución esperada para cada área de desarrollo.

Son herramientas muy útiles para orientarnos si un niño está madurando y desarrollándose correctamente; si está consiguiendo los niveles de desarrollo evolutivo esperadas para su edad y condición.

Y es cuando detectamos que, si en función de su edad el niño no alcanza los ítems de desarrollo esperados, determinamos que el niño presenta un retraso psicomotor.

Lo que no podremos determinar será el origen de tal retraso ni si éste será transitorio, permanente o progresivo.

Pero sí será una señal de alarma de que algo está impidiendo al niño organizarse con éxito.

En nuestro sistema sanitario, existe un plan de control del niño sano en el que se recogen gran parte de estos hitos evolutivos así como los signos denominados de alarma y que son los que nos pueden indicar que algo no funciona bien.

En caso de detectar un retraso o un signo de alerta estos niños son, o deberían ser, derivados a las Unidades de Atención Infantil Temprana para ser evaluados y para recibir, cuanto antes, una atención integral.

5. CUANDO ALGO NO VA BIEN: ¡NO ME PUEDO ORGANIZAR!

Hay niños a los que les cuesta interpretar el mundo. Niños en los que las diferentes esferas (motora, cognitiva y emocional) se desajustan y le llevan a una desorganización que se traducirá, en la mayoría de casos en un desajuste o retraso psicomotor.

Las razones pueden ser varias y no son excluyentes. Algunas de estas razones pueden ser:

- ¡No entiendo mi entorno!:
    - No consigo una relación vinculante satisfactoria.
    - No consigo obtener del entorno las respuestas ajustadas a sus demandas y necesidades.
    - El entorno es pobre en estímulos.
    - No consigue entender ni interpretar el entorno, no consiguen integrar la información sensorial

- ¡No entiendo mi cuerpo!:
    - No consigo conocer adecuadamente mi cuerpo y sus posibilidades.
    - Mi cuerpo no responde adecuadamente.
    - Algún proceso fisiológico interfiere en mi desarrollo
    - Algún estímulo interno interfiere en mi desarrollo
    - Mi maduración neurológica es más lenta

En todos estos casos el desarrollo normal se frena. Entonces el niño se desvía del engranaje perfecto que supone el desarrollo armónico de las diferentes esferas.

Y es entonces cuando el niño, bien con su tono, conductas, ritmos alterados, desajustes fisiológicos o patrones motóricos anormales nos está diciendo a gritos:

¡No me puedo organizar!

Es sumamente importante entender a estos niños y no "malinterpretar" estas conductas o datos objetivos.

No hay niños "vagos", no hay niños que lloren para "fastidiar", etc...

Lo más probable es que sean niños "mal organizados".

SIGNOS DE ALARMA DEL RETRASO PSICOMOTOR (1)

- <u>1 mes de edad</u>
- Irritabilidad persistente.
- Trastornos de succión.
- No fija la mirada momentáneamente.
- No reacciona con los ruidos.
- <u>2 meses de edad</u>
- Persistencia de irritabilidad.
- Sobresalto exagerado ante ruido.
- Aducción del pulgar.
- Ausencia de sonrisa social.
- <u>3 meses de edad</u>
- Asimetría de actividad con las manos.
- No sigue con la mirada.
- No respuesta a los sonidos.
- No sostén cefálico.
- <u>4 meses de edad</u>
- Pasividad excesiva.
- Manos cerradas.
- No emite risas sonoras.
- Hipertonía de aductores (ángulo inferior a 90°).
- No se orienta hacia la voz.
- <u>6 meses de edad</u>
- Presencia de hipertonía en miembros e hipotonía de cuello y tronco.
- No se rota sobre sí mismo.
- Persistencia de reacción de Moro.
- No sedestación con apoyo.
- Ausencia de prensión voluntaria.
- No balbucea ni hace "gorgoritos".
- <u>9 meses de edad</u>
- No desplazamiento autónomo.
- Hipotonía de tronco.
- No se mantiene sentado.
- Ausencia de pinza manipulativa.
- No emite bisílabos.
- <u>12 meses de edad</u>
- Ausencia de bipedestación.
- Presencia de reflejos anormales.
- No vocabulario de dos palabras con/sin significado.
- No entiende órdenes sencillas.
- <u>15 meses de edad</u>
- No camina solo.
- Ausencia de pinza superior.
- No arroja objetos.
- No tiene un vocabulario de tres o cuatro palabras.
- Pasa ininterrumpidamente de una actividad a otra.

- **18 meses de edad**
- No sube escaleras.
- No tiene un vocabulario de 7/10 palabras.
- No conoce partes del cuerpo.
- No garabatea espontáneamente.
- No bebe de un vaso.
- No hace una torre de dos cubos.
- **24 meses de edad**
- No corre.
- No construye torres de 3 ó 6 cubos
- No asocia dos palabras.
- No utiliza la palabra "NO".
- Presencia de estereotipias verbales.
- Incapacidad para el juego simbólico.
- **Signos de alarma a cualquier edad**
- Movilidad, tono o postura anormal.
- Movimientos involuntarios (actitud distónica de manos, hiper-extensión cefálica...).
- Movimientos oculares anormales.
- Retraso en la adquisición de los ítems madurativos.
- Macrocefalia, microcefalia, estancamiento del perímetro craneal.

(1) Iceta A.Yoldi ME. Desarrollo psicomotor del niño y su valoración en Atención Primaria. Anales Sis San Navarra. Vol 25, sup 2, 2002.

6. ACCIÓN TERAPÉUTICA:

¿JUGAMOS?

Jugar es síntoma de salud mental.

Jugar es un placer. Y una necesidad.

Jugar a moverse. Jugar a explorar. Jugar a sentir. Jugar a imitar. Jugar a representar. Jugar a ser. Jugar en grupo. Jugar con normas. Jugar a construir. Jugar a destruir. Jugar y jugar.

Jugar es el medio natural de aprendizaje del niño. Siempre.

Lo que le provoque placer lo integrará mejor. Lo querrá repetir. Le dará seguridad. Le animará a probar, a arriesgar, a experimentar.

En la acción terapéutica, crear un entorno y clima seguro, tanto físico como emocional, es importante para el niño ya que será en él donde tendrá que ir probándose a sí mismo y conquistando etapa tras etapa.

En las sesiones de estimulación motórica tendremos en cuenta dos leyes de la maduración neurológica que explican cómo ésta se realiza:

- *Sentido céfalo – caudal* (de la cabeza hacia los pies). Ej: El bebé, antes de sentarse tiene que aprender a sujetar la cabeza.
- *Proximal a distal.* (del eje central del cuerpo hacia la periferia). Ej.: El bebé, antes de usar la mano tiene que aprender a controlar el hombro y el codo.

Los objetivos principales son:

- Detectar las dificultades del niño para organizarse
- Ayudarle en su organización
- Seguir, al ritmo de cada niño, el desarrollo evolutivo motor ajustándonos al máximo posible a la normalidad
- Evitar que el niño se organice en patrones anómalos, o poco funcionales, o de mucho gasto.

Y si lo hace jugando:

- será un placer
- será significativo
- se repetirá
- se integrará más fácilmente
- se investirá de una emoción positiva

Y a pesar de que detrás hay todo un trabajo de planificación, metodología, objetivos, etc...los niños no van a trabajar ni a hacer gimnasia. Van a jugar.

En cuanto a las familias, procuraremos desde el primer día que entiendan qué le pasa a su hijo. Pero partiendo siempre de los aspectos positivos.

Tienen que entender el porqué no se organiza correctamente su hijo pero, sobretodo, debemos ayudarles a entender:

- El "lenguaje" de su hijo (el tono, los ritmos, las dificultades a nivel sensorial, cómo interpreta el mundo, cómo le responde el cuerpo,...)
- Las demandas de su hijo
- Lo que sí puede hacer su hijo...
- ... y cómo ayudarle desde ésta capacidad para llegar a ser lo más autónomo y feliz posible.

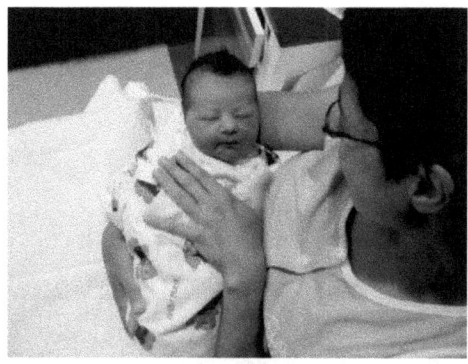

Es muy importante fomentar esta visión a los padres y hacerles entender que cada niño es único y lleno de posibilidades. Es cuestión de saberse entender y de ofrecer lo que cada uno necesita. Ayudar en este proceso de aceptación y de entendimiento es el paso más importante en cada acción terapéutica, más incluso que la terapia en sí, ya que cada niño pertenece a un entorno que proyecta sobre él unas expectativas. Un entorno cargado de emociones y afectos en los que el niño se ve reflejado.

Ayudar al niño es ayudar a los padres. Y viceversa. Un niño no es un elemento independiente. Un niño es una familia.

6.1 JUGAMOS A... ¡SENTIR!

Nuestro cuerpo está preparado para recibir estímulos, tanto del exterior como del interior. Esta información se transmite al sistema nervioso central (SNC) donde es procesada y trasladada a zonas específicas donde se relaciona con otras informaciones y crean las percepciones.

En respuesta a ellas el sistema nervioso central organiza una respuesta que será transmitida por los nervios periféricos hasta donde corresponda elaborar la respuesta.

Ej.: veo un objeto redondo que se acerca rápidamente a mí. Esta información llega a mi SNC y contacta con otras áreas. Me informa de que es una pelota (la memoria dice que ya lo ha visto antes). Sé que se acerca porque las experiencias previas me han enseñado que cuando un objeto se agranda a esta velocidad quiere decir que cada vez está más cerca de mi y que acabará contactando conmigo. Mi SNC elabora rápidamente una respuesta funcional y adaptativa que me ha resultado beneficiosa en ocasiones anteriores y manda una señal a toda la musculatura implicada en estabilizar el cuerpo para contrarrestar una fuerza, preparar las extremidades superiores para detener este objeto. ¡Misión cumplida!. La información de todo el proceso será guardada y almacenada para, en futuras ocasiones, poder mejorar la respuesta.

En caso de niños desorganizados puede que esta información no llegue correctamente. O que falle la elaboración de una respuesta adaptativa y funcional. O que tal respuesta sea lenta...

Jugando a sentir ayudamos al cuerpo a descubrir estas sensaciones y a recordarlas.

TIPOS DE SENSACIONES:

- Sensaciones táctiles (tacto, presión vibración, cosquillas) y de posición (estática y cinestética)
- Sensaciones térmicas (calor y frío)
- Sensaciones dolorosas.
- Sensibilidad exteroceptiva o cutánea (en la piel. Consciente)
- Sensibilidad propioceptiva o profunda. (parte consciente y parte inconsciente)
- Sensibilidad interoceptiva o visceral.

¡Vueltas!

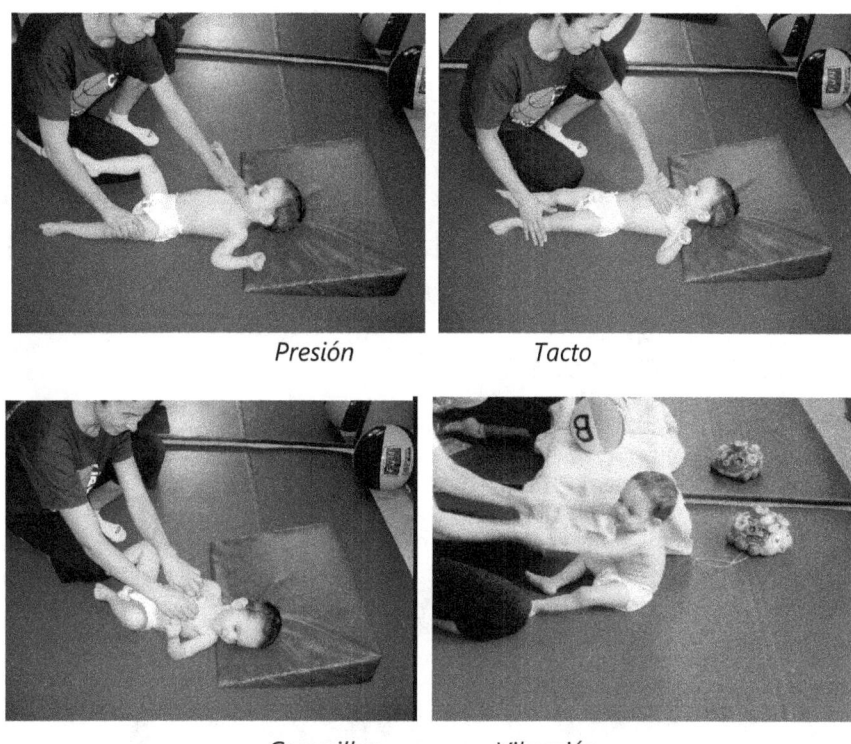

Presión *Tacto*

Cosquillas *Vibración*

6.2 JUGAMOS A... ¡RELAJARNOS!

Muchos niños desorganizados presentan problemas de tono aumentado, en especial los grandes prematuros, población cada vez más numerosa. Estos niños, desplegados tan pronto, parecen buscarse a sí mismos en la extensión. ¿Quizás no les diera tiempo en el útero materno? ¿Quizás no llegaron a estar lo suficientemente plegaditos sobre sí mismos?

Otros, presentan agitación o incluso mucha actividad sin finalidad aparente.

Niños que presentan este tipo de problemas agradecen iniciando la sesión con situaciones relajantes que les ayuden a centrarse: quiénes son, donde están; es posible sentirse en calma...

Apretadito

Balanceos en flexión global

6.3 JUGAMOS A... ¡RESPIRAR!

La respiración es básica para todos. Necesitamos un buen control sobre ella para aspectos tan vitales como la alimentación y el lenguaje. Gran aliada de la relajación.

Centrar a los niños en juegos que impliquen la respiración les ayuda a tomar consciencia del aire que entra y sale. Del ritmo respiratorio. Favorece la emisión sonora que lleva al niño a la conquista del espacio sonoro, permitiéndole otra vía de demanda y comunicación.

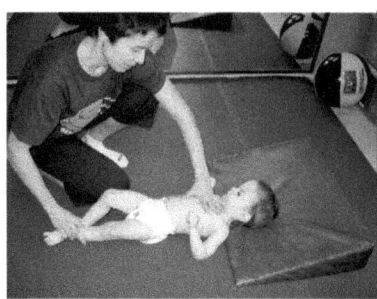 

Ayudando a la espiración

Con la respiración podemos jugar a:

- sentir el ritmo respiratorio
- soplar (velas, globos, las manos, los pies,...)
- cantar: alto, bajo....
- ¡gritar!

6.4 JUGAMOS A... ¡MOVERNOS Y DESPLAZARNOS!

Conocer el entorno, conocerse a uno mismo. Expresar emociones, sentimientos, hacerse entender... Todo ello implica movimiento. Bien sea a través de la motricidad gruesa, bien sea a través de la motricidad fina.

Conocer el propio cuerpo, saber que existe y cómo funciona. Entender y descubrir la funcionalidad de cada segmento y construir patrones posturales y de movimiento para conseguir un fin.

Hablar de movimiento es hablar de posturas. De una sucesión de posturas. Y hablar de posturas es hablar del cese del movimiento. Ambas están íntimamente relacionadas.

El recién nacido inicia su existencia extrauterina en un patrón en flexión.

Tardará aproximadamente un trimestre para cambiar esta flexión por una extensión (y patrones que combinen ambas).

Sobre los seis meses retornará el predominio flexor, la mirada buscará la horizontalización, y conseguirá la sedestación. Y tres meses más tarde volverá a recurrir a la extensión para conquistar la bipedestación.

El movimiento armónico está caracterizado por una sincronía entre flexión y extensión. Entenderla y vivenciarla desde el nacimiento es crucial para el desarrollo de buenos patrones motóricos. Cruciales para un buen conocimiento del propio cuerpo y sus posibilidades. Vital para la autonomía motriz.

Al inicio, el niño carece de una postura estable sobre el plano. Su control cefálico es nulo y mantener la cabeza centrada en la línea media en decúbito supino (boca arriba) es tarea imposible. Su escasa fijación visual tampoco le ayuda.

Pero poco a poco irá madurando y –recordemos la ley céfalo-caudal- este control será posible. ¡Eureka! El bebé ya será capaz de instaurar sus primeros patrones posturales para iniciar, desde allí, sus primeros movimientos con sentido.

En un principio estos movimientos serán desorganizados y casuales, y parte de ellos estarán regidos por los reflejos primitivos.

Ciertas sensaciones sobre la posición del cuerpo, sobre las resistencias que pueda encontrar (ej., el plano en el que está), y en relación a la información visual que recibe irá interrelacionándose para poco a poco llegar a tomar conciencia de los movimientos.

Y así, como ya hemos visto, los primeros reflejos y reacciones arcaicas irán dando paso a los movimientos voluntarios. Y así, "aquello" que el bebé veía pasar de vez en cuando sobre su campo visual y que alguna fortuita vez llegó a su boca...lo va reconociendo como propio y, motivado por la sensación de placer que le ha provocado al chuparlo, lo va conociendo, asociándolo con ciertas sensaciones... hasta ser capaz de llevar los dedos a la boca, voluntariamente.

De este mismo modo se descubrirá los pies. Esto requerirá que su base sobre el plano va siendo más estable y que va controlando ciertos movimientos de flexo extensión de las caderas.

Este control de la flexo-extensión es fundamental e imprescindible para, más adelante, poder adquirir una marcha autónoma.

"Con la flexo-extensión... ¡Juego a saltar!"

Ayudar al niño a descubrir y a controlar esa flexo-extensión es algo básico en cualquier proceso que implique movimiento.

También aparecerán las rotaciones, básicamente guiadas por la persecución visual.

Éstas implican el despegarse de la base estable y organizarse ya sobre otras bases: el decúbito lateral y el decúbito prono (boca abajo).

Esta consecución de posturas implica el volteo.

Muchos de los niños con retraso psicomotor, en las primeras etapas del desarrollo son altamente reacios a estar en decúbito prono. Y los motivos pueden ser varios...

Por eso es muy importante, en cualquier niño, desde que nace, jugar con él, todos los días, a estar boca abajo un ratito. Con ello vamos a favorecer:

- Sentir el peso del cuerpo sobre la parte anterior.
- Estimular la extensión cervical
- Usar las extremidades superiores como órganos de apoyo: en esta postura toda la musculatura implicada en la estabilidad del hombro trabaja de manera sinérgica. Paso previo para llegar a usar la mano. (Ley próximo distal).
- Mirada horizontal.

- Llevar el peso del cuerpo progresivamente hacia la sínfisis del pubis para, más adelante, llevarlo a las extremidades inferiores.

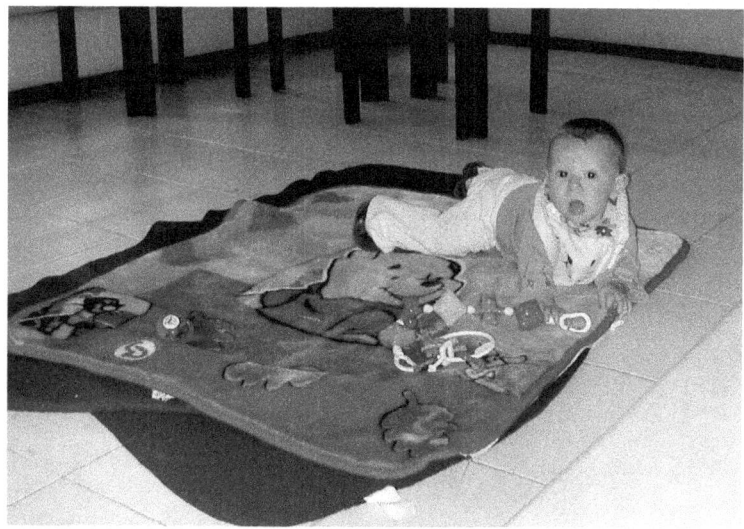

Decúbito prono

Jugar a voltear: moverse sobre sí mismo y desplazarse es un auténtico logro. ¡Y un auténtico placer!

El primer medio de desplazamiento. Descubro el mundo a mi alcance.

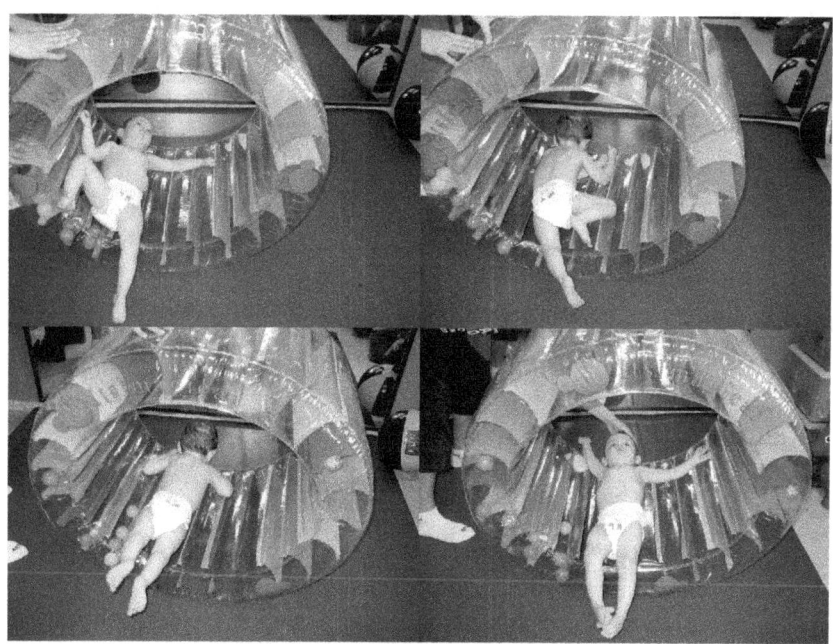

"Siento el volteo"

Estabilizar el cuerpo en decúbito prono. Tres puntos clave de apoyo: los dos antebrazos y el abdomen. Poco a poco se va enderezando el tronco y el apoyo va descendiendo hacia la sínfisis del pubis.

El dilema: veo algo que me interesa y lo quiero alcanzar. Pero si libero una mano... ¡mi postura se derrumba! Para solucionarlo me voy a organizar en un patrón asimétrico: flexiono una extremidad inferior y estructuro una nueva postura de apoyo desplazando el peso hacia un hemicuerpo. Con ella puedo liberar una extremidad superior del lado contrario... ¡y alcanzar mi recompensa!

Postura simétrica   *Postura asimétrica*

Y siguiendo el impulso de querer alcanzar los objetos en este patrón y probando todos sus conocimientos motrices va a conseguir desplazarse reptando.

Esta nueva etapa de reptación no durará mucho. Pronto descubrirá que llevando el peso bien para atrás conquista una nueva posición: la cuadrupedia.

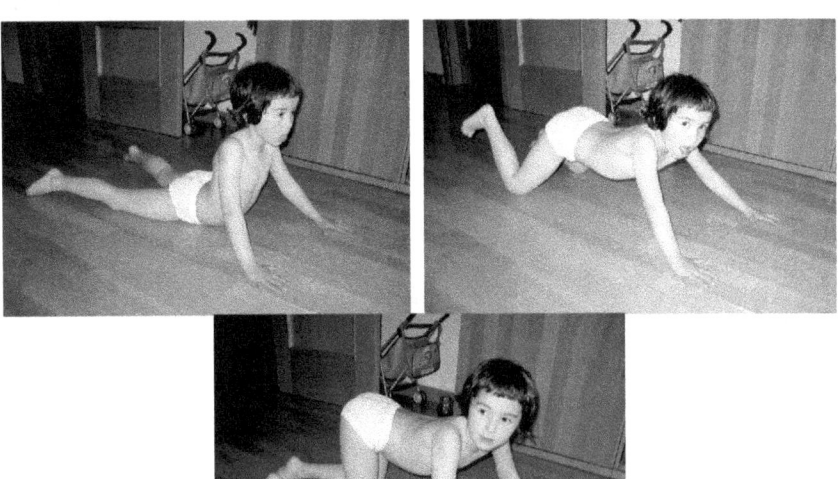

Logrando la cuadrupedia

Y tras ella, el gateo...

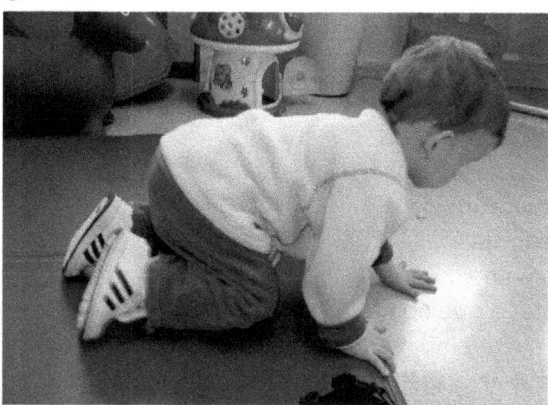

Gateando

El gateo parte de la postura en cuadrupedia. Pero exige un control muy coordinado de toda la musculatura así como del equilibrio ya que es un continuo reequilibrio sobre cuatro puntos de apoyo. Antes del desplazamiento el niño realizará desplazamientos de peso sin despegar los puntos de peso: probará y experimentará; hacia delante, hacia detrás. Si no se ve seguro retornará a la reptación.

No todos los niños pasan por el gateo.

Pero sí todos los niños deberían tener la opción y la posibilidad de descubrirlo ya que le beneficia en muchos aspectos:

- conformación del raquis
- conformación de las caderas
- conformación de la caja torácica
- trabajo visual –enfoque–
- percepción del espacio
- gran información sensorial para la motricidad fina

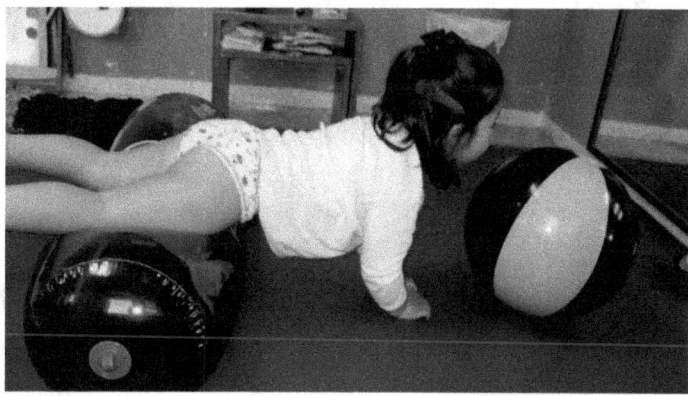

Juego a desplazar mi peso.

Vamos a jugar...

Jugar a balancearme, en prono, en el balón grandote
Jugar a rodar
Sentir el volteo
¡Voltear solito!, ¿me ayudas?
Me arrastro pendiente abajo. ¡Es más fácil!
Sintiendo la cuadrupedia
Paso por debajo de...
Paso por encima de...
Soy un gatito... ¿a que no me pillas?
Soy un león... ¿a que no me derrumbas?
Me quiero escapar... ¡suéltame la pierna!
Camino de obstáculos,...

En todo este proceso hay un factor muy relevante a tener en cuenta: la gravedad. Cualquier movimiento que implique despegar un miembro del plano de apoyo es vencer la fuerza de la gravedad.

Hasta ahora el esfuerzo ha ido creciendo.

El verdadero logro será el conseguir la sedestación, sobretodo cuando consiga ser estable, autónomo y permita liberar las extremidades superiores.

Y ésta no se consigue en un día, ni el niño debe conseguirla "mágicamente": hay toda una serie de movimientos hilvanados para conseguirla, y el niño siempre debería conseguirla mediante ellos. Así no sólo aprende a "estar sentado" sino, realmente, a "sentarse".

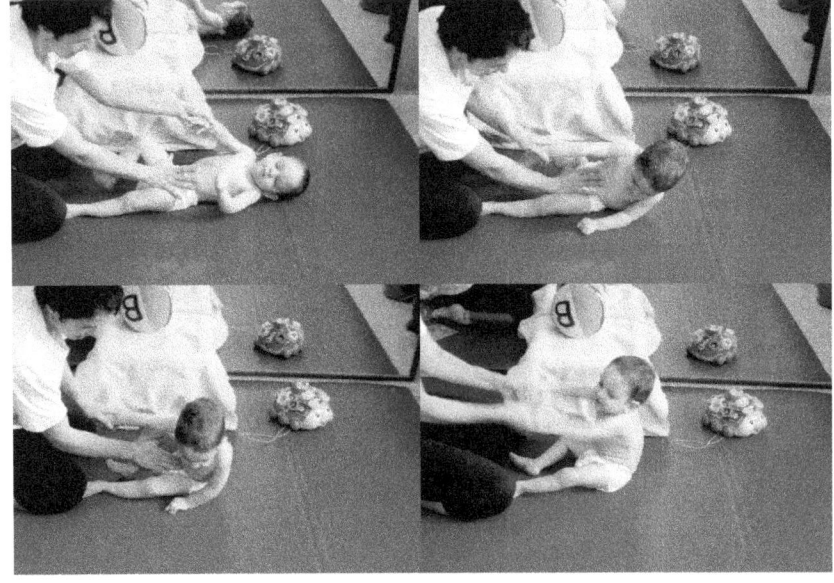

"¡Me siento!"

Jugar a...

Jugar a sentarse y a "caerse".
Jugar a querer sentarse... ¡pero me empujan!
Jugar a sentarse de distintas maneras...
Sentarnos para pasarnos un balón, para ver un cuento, para hacer un tren...
Me siento en distintos sitios
Me siento en un balón: grande o pequeño
¡El balón se mueve!
En el columpio, ¡mi peso se desplaza!
En el balancín,...

"Y ahora, ¿A qué jugamos?"   "Mi cuento preferido"

Cuando el niño consigue por sí solo sentarse sin apoyo, piernas a la larga, espalda recta (sin actitud cifótica) y extremidades superiores liberadas ya está listo para conseguir la bipedestación.

Lo ideal es que el niño la consiga por sí sólo. Que sea su propio impulso el que le guíe a conseguirla. Que reconozca él mismo cuando está preparado. Que lo genere él.

Proporcionarle situaciones con material seguro, estable y sin riesgos puede ser muy positivo para conseguir esta hazaña.

Primero conseguirá levantarse pero no desplazarse.

Los primeros desplazamientos serán laterales, recorriendo aquello en lo que está apoyando. Si no se siente seguro, accederá al gateo.

Y un buen día, la marcha independiente. Quizás con un patrón en tensión o tono aumentado. Quizás con los brazos en "candelabro" o como haciendo equilibrios... en realidad esto es lo que está haciendo: equilibrando todo el cuerpo para realizar tal hazaña.

Y de allí... a ir perfeccionando. Y a seguir explorando el cuerpo y sus posibilidades.

¿Hasta cuando?

¿Acaso no lo realizamos continuamente durante todas las etapas de nuestra vida?...

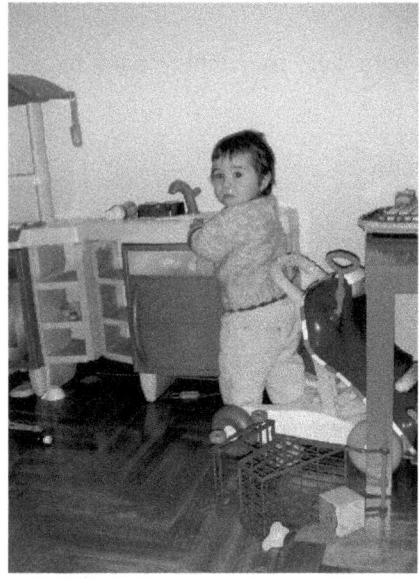

Bipedestación

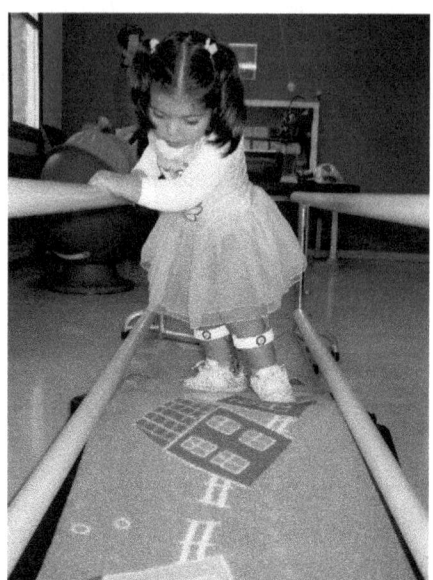

"¡Voy a bailar!"

Jugar a...

Trepar
Levantarme y sentarme
Mantenerme sentadito en un rulo
¡Convertir el rulo en un caballo!
Bailar en las paralelas
Empujar un carrito y pasear un bebé
Sentir la bipedestació ¿me ayudas?
Caminar
Correr
Subir
Bajar
Saltar
Transportar materiales
Chutar
Dar volteretas,...

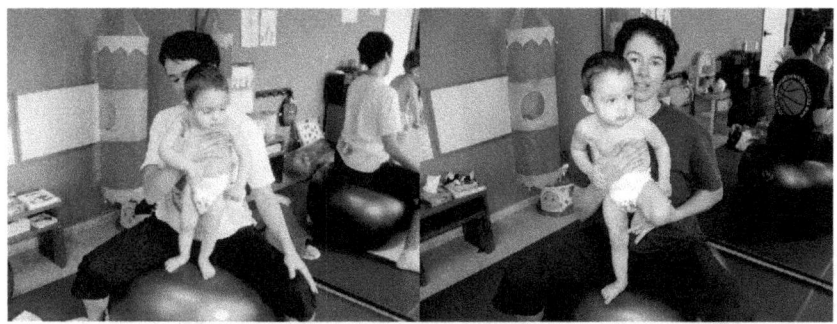

Sentir la bipedestación   *Sentir*

Sentir

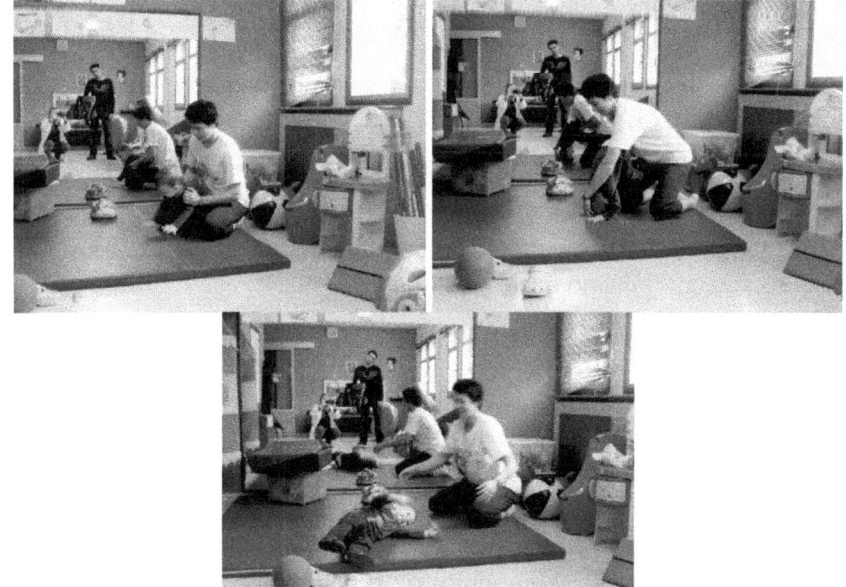

Dar volteretas

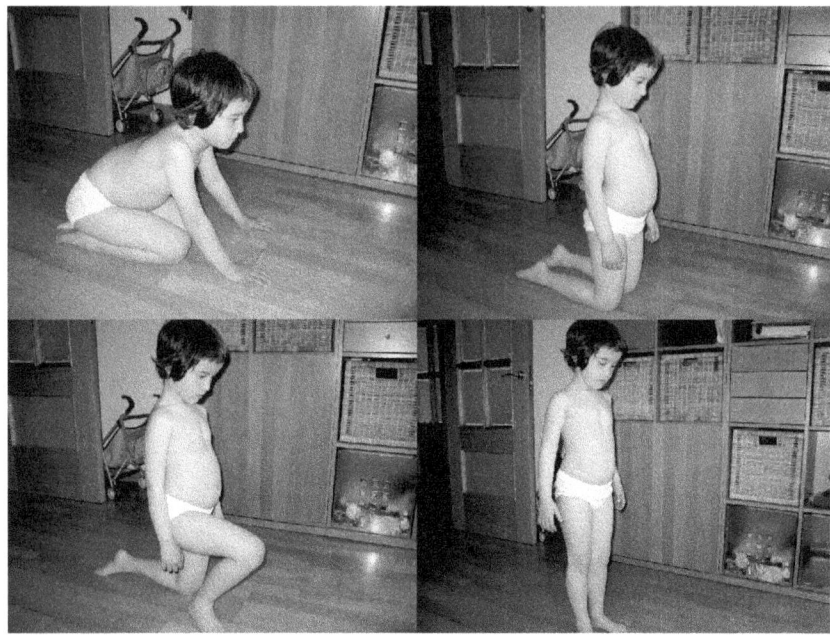

"¡Yo solita!"

El objetivo de jugar a movernos y desplazarnos debería estar siempre encaminado principalmente a dos conceptos:

- Autonomía
- Autoestima

Partiendo siempre de lo que sí puede hacer, planteando metas alcanzables, situaciones placenteras y significativas.

Exigir poco a poco, no pedir por encima de sus posibilidades reales, guiando y ayudando lo justo.

Fomentando y favoreciendo la economía de movimiento; consiguiendo máxima eficacia con mínimo gasto y esfuerzo.

Celebrando cada logro... **jugando**.

6.5 JUGAMOS A... ¡USAR LAS MANOS!

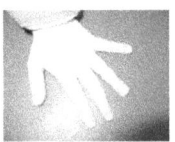

Tocar, coger, acariciar, apretar, señalar, pellizcar, arañar, pintar, garabatear, ensartar, apilar, moldear,...

Usar las manos. Dependemos mucho del uso funcional de las manos. Descubrimos mucho con ellas. Actuamos con ellas.

Hablar del uso funcional de las manos es hablar de la motricidad fina y merecería un capítulo aparte.

Sólo dejar claro que, y siguiendo las leyes céfalo caudal y próximo distal, para manipular adecuadamente es necesario:

- ¡Saber que existen!
- Controlar la cabeza
- Controlar el tronco
- Estar en una postura estable
- Buen control a nivel de hombro y codo
- Buena integración sensorial

Para favorecer el uso de las manos, jugamos a...

- Verlas (descubrirlas con la vista)
- Chuparlas (descubrirlas con la boca)
- Tocar y ser tocadas (descubrirlas con el tacto)
- Ser movidas y moverlas (descubrirlas con la propiocepción)
- Posturas en decúbito lateral estables: favorece el encuentro de ambas manos en la línea media
- Posturas en prono: mis extremidades superiores cargan el peso del cuerpo. Las siento.
- Arrastre y volteo: las uso.
- Reacciones defensivas ante desequilibrios: me responden.
- Cargar el peso del cuerpo en ellas.
- Las uso en secuencias funcionales: me ayudan a sentarme.
- Las uso: empujan, arrastran, golpean,...

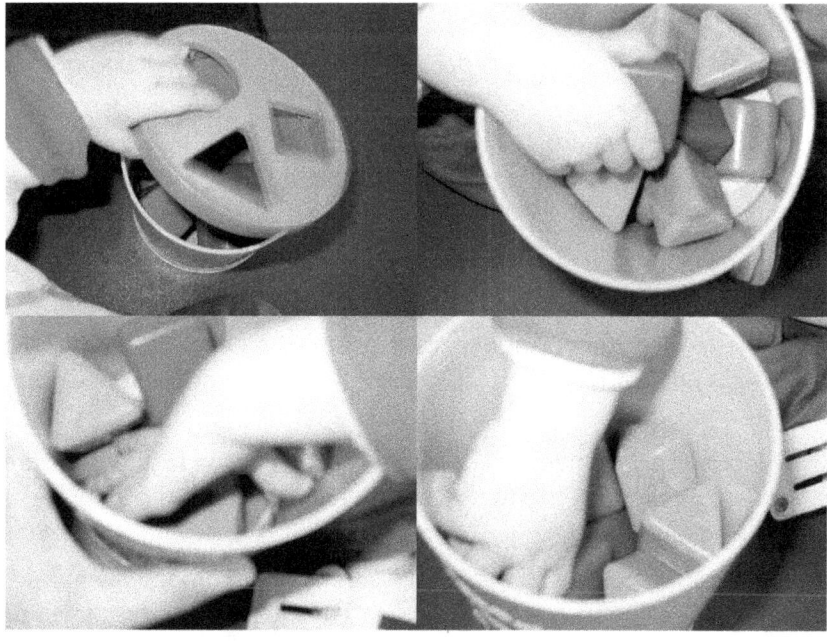

Manipular

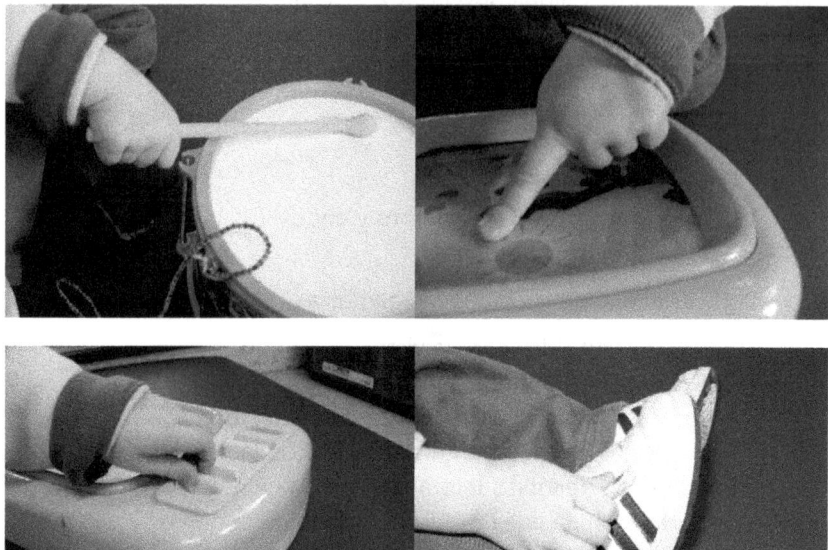

Coger, señalar, girar, desabrochar,...

7. UNA REFLEXIÓN.

Para concluir quisiéramos hacer una reflexión:

¿Somos realmente conscientes del papel que juega el movimiento en nuestras vidas?

Es la expresión de nuestra psique y el motor del conocimiento. Se inicia ya en el vientre materno y no nos abandona jamás. Mientras existe un aliento existe un movimiento.

¿Le da nuestra sociedad la suficiente importancia al movimiento en los primeros años de vida?

Hemos visto que, cuando algo no funciona bien en la evolución de un niño, ello se expresa en una desorganización a nivel psicomotor. La motricidad, en alguno de sus aspectos, se altera.

¿Favorecemos suficientemente la posibilidad de movimiento y la expresión motriz a nuestros hijos? ¿Nos entendemos mutuamente con este lenguaje? ¿Disponemos del tiempo para ello?

Quizás, si así fuera, entender y "tratar" el retraso psicomotor sería una tarea menos terapéutica y más lúdica e integrada en las dinámicas familiares donde existiría tiempo para jugar juntos a descubrir, a sentir, y a vivir.

Capítulo III
MASAJE INFANTIL

1. INTRODUCCIÓN

El masaje infantil es un arte ancestral aplicado a los bebés desde que nacen, para estimular sus sentidos y nutrirlos afectivamente, a través de la piel.

Es una antigua tradición inherente en muchas culturas de todo el mundo, que está siendo redescubierta en Occidente. En China está práctica se denomina masaje Tuina y su utilización es común, tanto en centros hospitalarios como guarderías. Pero es en la India donde realmente se produce la semilla histórica que influirá decisivamente en el occidente y en el concepto de lo que hoy conocemos como masaje infantil. En los años 50 el Dr. Frédérik Leboyer, médico francés, viajó a la India en uno de sus múltiples viajes, allí quedo maravillado observando como una joven madre aplicaba una serie de movimientos que de forma fluida unían fuerza y ternura. Fue tal el impacto, que este "masaje" causó en el médico, que decidió importarlo al occidente y bautizarlo cómo masaje "Shantala" en honor a la madre que observó aplicando el masaje a su hijo. Posteriormente en 1976 escribió el primer libro de esta temática que llegó a occidente: "Shantala, un arte tradicional, el masaje de los niños". En aquel entones el Doctor Leboyer definió el Shantala como el "arte del amor", concepto que hoy en día aún se mantiene inalterable. En este sentido, Rasmey (2006) afirma que el masaje es la génesis del amor y es una muestra de cómo la ciencia y las relaciones humanas pueden ir de la mano.

En 1973 la norteamericana Vimala Schenneider (creadora de AIMI, Asociación Internacional de Masaje Infantil) trabajando en un orfanato de la India se pone en contacto con el masaje. Quedó impresionada al ver por las calles como jóvenes madres sentadas con sus bebés en las rodillas, les daban un amoroso masaje y les cantaban a pesar de la infrahumana situación en la que se encontraban. Mientras observaba esa imagen pensó: "esto es mucho más en la vida que el bienestar material. Aún teniendo tan poco, podían ofrecer a sus bebés este hermoso regalo de amor y seguridad, un regalo que podía ayudar a sus bebés a convertirlos en bondadosos seres humanos". En 1977 Vimala escribe el libro "Masaje infantil, Guía práctica para la madre y el padre", esta obra junto con el "Manual de Instructores de Masaje Infantil" supone una adaptación que permitió integrar el masaje del bebé en la filosofía occidental que en aquel entonces se tenía de las caricias y el contacto con el infante.

La literatura científica sobre el tema, coincide en que el tacto, las caricias y el amor que se transmite entre el niño/a y los que le rodean, tienen un importante efecto positivo sobre su desarrollo. Muchos estudios revelan los beneficios de un contacto afectivo como parte integral de los primeros años de vida, así como los desafortunados resultados experimentados cuando falla esta atención. El tacto es una de las formas mas poderosas de comunicación, el vínculo que ese establece entre la persona que realiza el masaje y el bebé (generalmente madre/hijo) permite un ambiente ideal para el trabajo de estimulación.

El masaje infantil no es simplemente una serie de ejercicios, masajes y caricias sin un propósito claro. Es mucho más que eso. Es conocer cada paso del proceso de formación de la estructura cerebral infantil. No depende de la edad del niño, depende primordialmente de la oportunidad que se le haya dado de recibir estímulos (Vinala, 1977). El masaje se emplea con el objetivo de desarrollar al máximo sus capacidades cognitivas, físicas, emocionales y sociales, evitando estados no deseados en el desarrollo y ayudando a los padres/cuidadores, con eficacia y autonomía en el cuidado y desarrollo del infante. Se puede realizar a los niños desde su nacimiento hasta el final de su infancia, tanto si es un niño de término como si es un niño prematuro con o sin patologías asociadas (Rasmey 2006).

Es uno de los momentos mas deseados por los bebés. Desde los primeros meses el bebé demanda la atención de sus progenitores, cuando la respuesta la mostramos en forma de abrazo, tacto y ternura el bebé se siente cómodo y seguro. El hecho de recibir al mismo tiempo estímulos táctiles, sonoros y visuales, que se producen mientras les hablamos, miramos y masajeamos al mismo tiempo, enriquece enormemente las sensaciones percibidas por el infante. Es importante incorporar el masaje dentro de la rutina diaria, de este modo el bebé asociará momentos puntuales como el baño, al preámbulo del esperado momento del masaje. El placer que transmite el masaje es exteriorizado en las expresiones del bebé, los padres deben aprender a comunicarse a través del masaje, e interpretar las expresiones de su hijo para poder guiar sus movimientos en función de cada situación.

2. BENEFICIOS DEL MASAJE INFANTIL

Son múltiples los beneficios que aporta el masaje infantil, muchos de ellos han sido probados científicamente lo que ha permitido su implantación en distintas disciplinas infantiles y considerarlo como una práctica necesaria en los programas de estimulación temprana. Sus efectos abarcan, desde aspectos neurológicos hasta la alimentación del bebé, sin olvidarnos de la relajación, la amortiguación del dolor y cólicos, sistema circulatorio, respiratorio y por supuesto el vínculo entre padres-hijos.

Podemos afirmar entones, que el masaje infantil es considerado una herramienta importante en la estimulación temprana y que sin lugar a dudas contribuye a un desarrollo psicomotor óptimo.

Los beneficios del masaje infantil los podemos diferenciar en:

FISIOLÓGICOS:

- Afecta al sistema circulatorio favoreciendo el retorno venoso en los movimientos de vaciado, es decir antigravitatorios, en sentido del corazón y la oxigenación en los movimientos que se realizan hacia la extremidades (de dentro afuera).
- Facilita el intercambio gaseoso y en ocasiones a liberar mucosidades (González, 2007).
- Un efecto importante que se ha registrado frente a la estimulación táctil es la disminución en forma evidente de las llamadas hormonas del stress como es el cortisol y un aumento de las serotoninas (Acolet, 1993).

NEUROLÓGICOS:

Diversos autores coinciden en que el masaje infantil provoca un desarrollo y comportamiento neurológico más rápido, fundamentalmente en niños prematuros, lo que supone en muchos casos un menor tiempo de hospitalización (Field y cols 2004; Mathai y cols, 2001; White-Traut y cols 1999, 2002).

PSICOLÓGICOS:

Onozawa y cols (2001) afirman que el vínculo madre/hijo que se establece con el masaje, influye positivamente en los estados de depresión posparto que sufren algunas madres y que aumenta la seguridad de éstas consiguiendo que las madres conozcan mejor las necesidades de sus hijos.

Por su parte el bebé adquiere un estado importante de relajación que le permite conseguir el equilibrio en su tono muscular, evitando así indeseadas contracturas o tortícolis tan comunes en la edad del infante.

ANALGÉSICOS:

Los masajes pueden contribuir al alivio de las molestias e incomodidades de las situaciones de cólicos y gases (González, 2007). También repercute en el alivio de otro tipo de incomodidades como pueden ser las derivadas del estreñimiento o la dentición (López, 2009). Además el efecto analgésico del masaje se ha descrito relacionado con la ingesta de glucosa, argumentando que el masaje potencia el efecto analgésico de ésta. La realización de masaje y la ingesta de glucosa 20 minutos antes de someter al niño a un procedimiento doloroso, disminuiría considerablemente la sensación de dolor, ambos procedimientos potenciarían este resultado (Bellieni, 2002).

OTROS:

Mejora los patrones de sueño y descanso, tan importante en estas edades para un correcto equilibrio psicosomático. El incremento de peso es uno de los beneficios mas acentuados en los bebés, Diego y cols (2005) lo atribuyen a la mediación de la actividad vagal y de movilidad gástrica, las cuales se ven estimuladas por el masaje. Esta situación provoca una mejor digestión y asimilación de los alimentos. Dada la reducción del estrés y la estimulación táctil proporcionada por el masaje, éste ha sido recomendado para el desarrollo de lactantes prematuros de bajo peso al nacer (Vickers 2008).

Por otro lado, el uso de aceites adecuados a la piel del bebé conseguirá que el cuerpo del infante se encuentre perfectamente hidratado.

3. RECOMENDACIONES

La eterna discusión de quién es la persona idónea para dar el masaje no debería tener mas sentido que la aplicabilidad de los objetivos que se pretenden con esta herramienta de estimulación. Es evidente, que si partimos del concepto tradicional de identificar el masaje infantil o Shantala como el "arte del amor", no existe persona mejor preparada para aplicar este principio que sus padres, abuelos o persona que esté a su cuidado. A pesar de ello, no siempre los padres se sienten preparados para aplicar estos movimientos con los bebés y en otros casos el objetivo del masaje adquiere características más específicas y/o terapéuticas que necesitarían de la intervención de los especialistas en este campo. Igualmente importantes, son las personas que cuidan a los niños fuera de la casa, como por ejemplo la enfermería en las unidades de cuidado intensivo neonatal que trabajan con bebés prematuros o con personas discapacitadas. Los beneficios que se derivan del masaje son aplicables y ventajosos para estos grupos. (Gale Encyclopedia of Children's Health, 2007:1).

ACEITES:

La utilización de aceites como complemento para favorecer el deslizamiento y el contacto adecuado de nuestras manos con la piel del bebé, es considerada como necesaria por la mayoría de especialistas. Por el contrario el uso de cremas hidratantes, a pesar de ser beneficiosas en muchos aspectos, provocan una rápida absorción por parte del infante que imposibilita un masaje fluido y continuo, viéndonos obligados en muchas ocasiones a interrumpir el masaje para utilizar más crema. En sus escritos, Vimala Mclure (2005) enfatiza la importancia de utilizar aceite con el objetivo de mejorar el contacto piel contra piel y facilitar la realización de los movimientos. Ella recomienda los aceites comestibles y los derivados de las frutas, debido a que poseen olores tenues, se absorben rápidamente en la piel, la nutren y no son dañinos en caso de tener contacto con la boca del bebé. Son preferibles los aceites de origen vegetal a los minerales que no lleven perfumes ni esencias de ningún tipo.

LUGAR:

El espacio que utilizaremos para aplicar el masaje puede ser muy variado en función de cada bebé. Podemos utilizar la cama, una colchoneta, el propio cambiador después del baño. A pesar de que no hay un lugar único, éste debe reunir unas condiciones mínimas para que el bebé se sienta cómodo y tranquilo. El infante debe estar en un lugar limpio, si el infante está desnudo podemos utilizar un empapador para evitar los inconvenientes típicos que se pudieran producir en estas edades (orina, cacas, vómitos...). La sala tendrá una temperatura mínima de 24-26º, evitaremos luces intensas y evitaremos lugares con ruidos o estímulos externos que puedan distraer al pequeño.

El momento del día mas adecuado también depende del bebé y de nuestra rutina diaria. Deberían ser sus padres los que encontrasen el momento adecuado en función de su estado de ánimo, sueño, hambre... Un momento que suele ser propicio es después del baño. Intentaremos evitar aplicar el masaje después de las comidas.

Es conveniente no dar masaje con fiebre, quemaduras, vacunas o enfermedades que ante la duda recomendación medica.

4. TÉCNICA

Antes de empezar a aplicar el masaje nos despojaremos de cualquier elemento que pueda dañar al bebé (anillos, pulseras, joyas, uñas largas...). Buscaremos una posición cómoda tanto para el bebé como para la persona que aplica el masaje, es importante cuidar la postura para no dañarnos la espalda.

Podemos colocar al bebé entre el hueco de nuestras piernas si estamos sentados o en una toalla o empapador.

Debemos transmitir tranquilidad y confianza, debería ser un momento sin prisas, un momento para disfrutar con nuestro hijo en un ambiente de paz y sosiego.

Hablaremos con el bebé mientras le desnudamos despacito por partes o al completo si la temperatura nos lo permite, antes de empezar con el masaje...

4.1. MASAJE EN PIERNAS Y PIES

1.- Pedir permiso: para comenzar, podemos frotarnos las manos, y decirle al bebé que el masaje va a empezar. De este modo calentamos el aceite, siendo este movimiento, un indicativo que llegará a ser un hábito para los dos. Mantenemos las manos quietas sobre las piernas del niño, mientras le hablamos.

2.- Vaciado hindú: cogemos al bebé por el tobillo con una mano, mientras que con la otra, realizamos un desplazamiento desde la parte superior del muslo, con el índice y el pulgar enfocando hacia nosotros, hasta juntarse con nuestra mano; realizaremos el mismo movimiento por la parte interna del muslo.

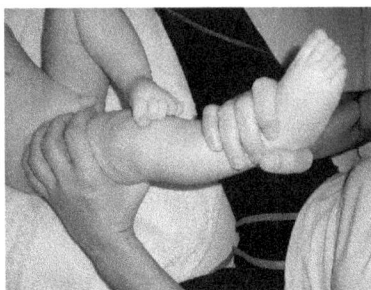

3.- Comprensión y torsión: con las manos juntas, realizaremos con estas, movimientos en sentido contrario desde el muslo hasta el tobillo.

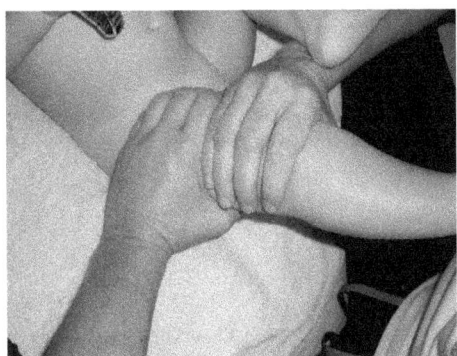
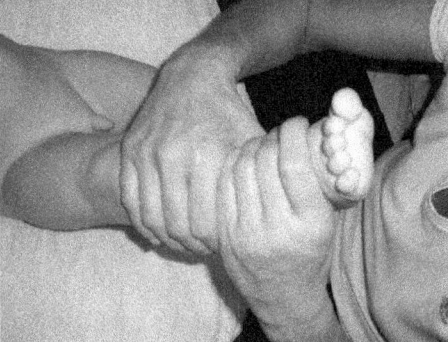

4.- Planta del pie: desde el talón hasta la base de los dedos, deslizamos nuestros pulgares uno tras otro varias veces.

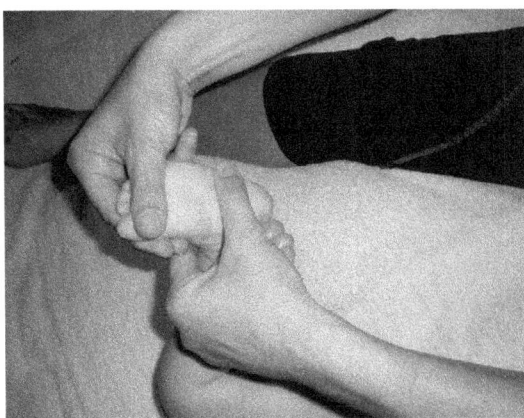

5.- Masaje en los dedos: describiremos pequeños círculos en cada uno de los dedos, partiendo de la base hacia arriba.

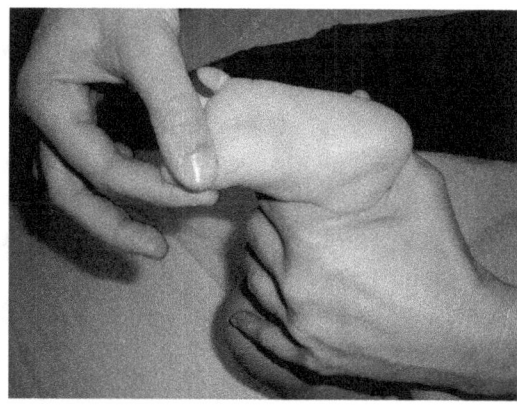

6.- Almohadillas: colocamos nuestro índice bajo los dedos del bebé y nuestro pulgar debajo del talón, y realizamos pequeñas presiones sin movimiento, como queriendo que se acerquen. Haremos lo mismo, pero bajamos el índice hacia la almohadilla del pie.

 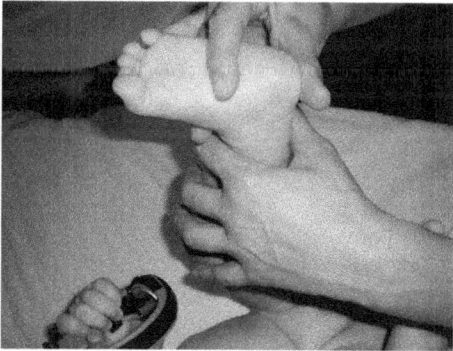

7.- Caminando: con pequeñas presiones, caminamos por la planta del pie.

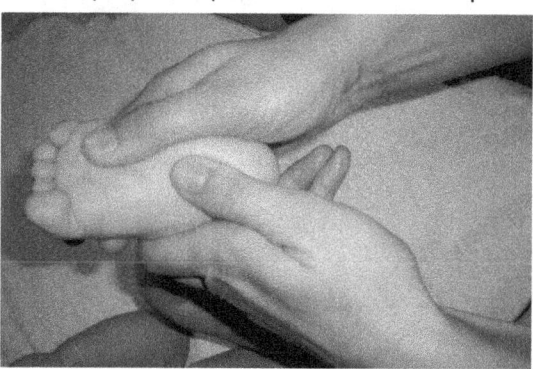

8.- Empeine y tobillo: desde la base de los dedos hasta el tobillo, desplazamos los pulgares uno detrás de otro. Terminamos describiendo pequeños círculos alrededor del tobillo.

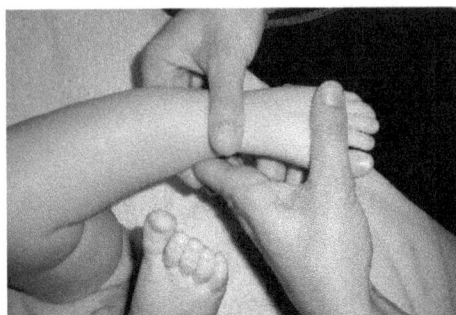
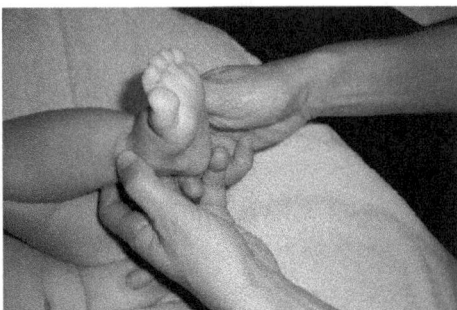

9.- Vaciado sueco: sería el mismo movimiento que el vaciado hindú, solo que la dirección será ascendente, del tobillo hacia el muslo.

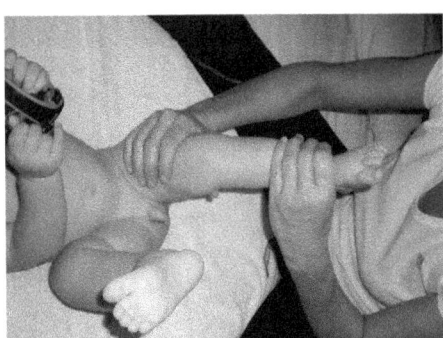
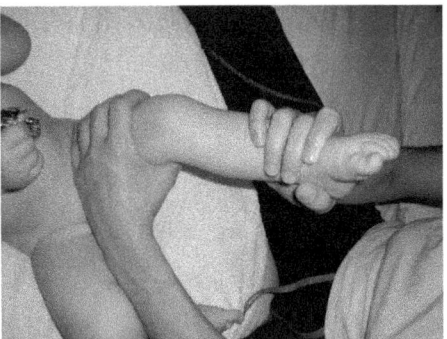

10.- Masaje del deportista: hacemos rodar nuestras manos entre sus piernas desde el muslo hasta el tobillo de forma vigorosa.

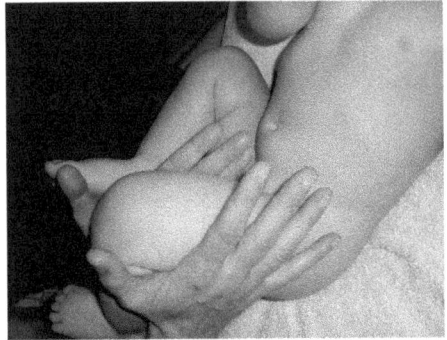
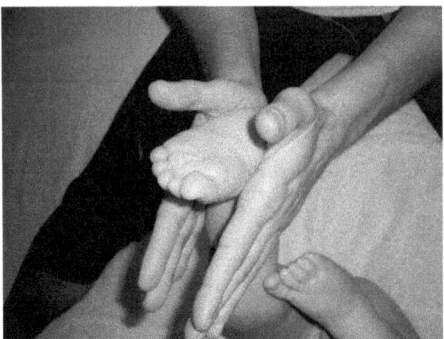

11.- Masaje en las nalgas: colocamos nuestras manos en las nalgas del niño y describimos pequeños círculos, para terminar desplazándolas hasta los tobillos.

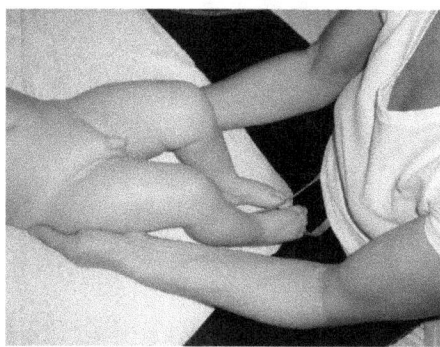 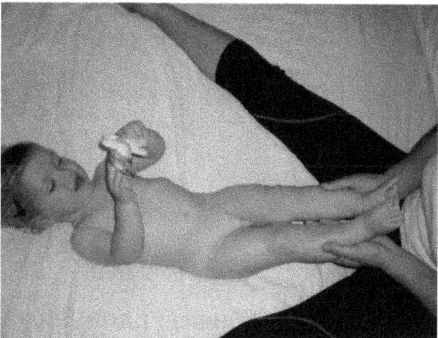

12.- Movimiento de integración: desplazamos las manos como en el ejercicio anterior, solo que sin realizar los círculos en las nalgas. Sólo desplazamos las manos, indicará al bebé que terminamos el masaje en las piernas y pies.

4.2. MASAJE DE VIENTRE

1.- Manos que reposan: colocar las manos en el vientre del bebé, para establecer contacto con él, transmitiendo cercanía y calor, a la vez que le pedimos permiso para empezar.

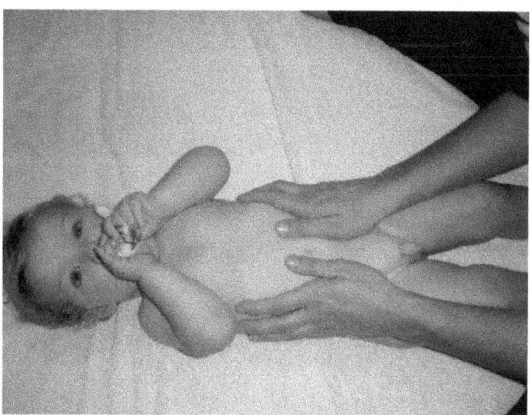

2.- Rueda hidráulica, parte A: apoyar las palmas de las manos una tras otra, por debajo de las costillas hasta la cadera; antes de separar la mano que está en la cadera, comenzamos con la otra, para estar siempre en contacto con el bebé.

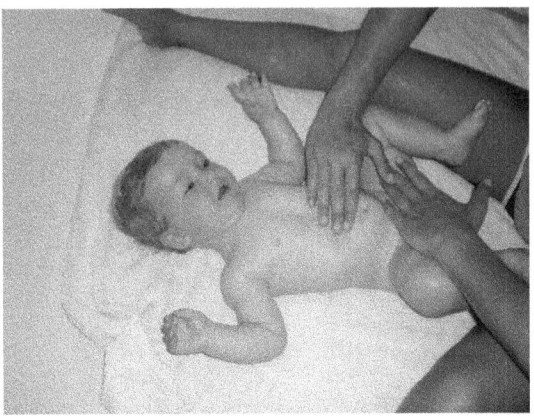

3.- Rueda hidráulica, parte B: sujetamos con una mano los pies del niño a la altura de sus tobillos. Con la otra mano, realizamos un movimiento de paleteo, por debajo de las costillas hasta la cadera; este movimiento permite realizar el masaje con mayor profundidad.

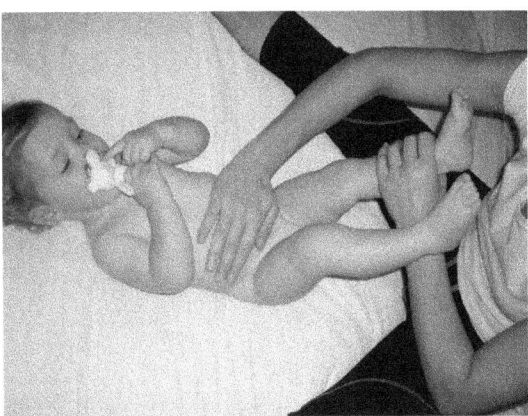

4.- Pulgares hacia los lados: partimos con nuestros pulgares juntos sobre el ombligo del bebé; vamos separándolos hacia los lados ejerciendo presión.

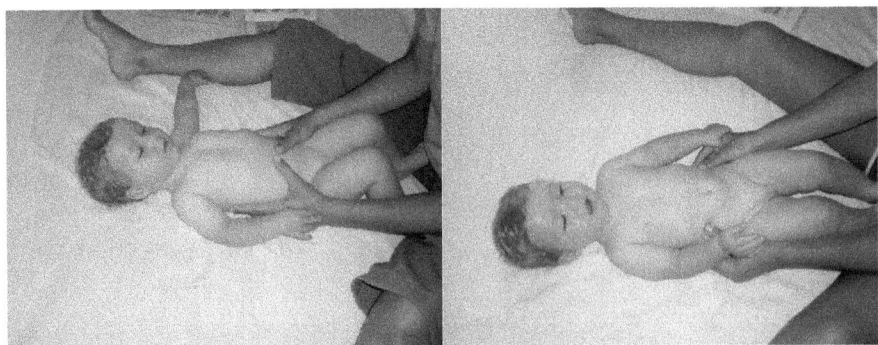

5.- Sol y luna: con nuestra mano izquierda describimos un círculo en el sentido de las agujas del reloj. Cuando dicha mano esté cerca de las 6 horas, introducimos la mano derecha describiendo un movimiento de media luna (aproximadamente desde las 12 horas hasta las 5 horas).

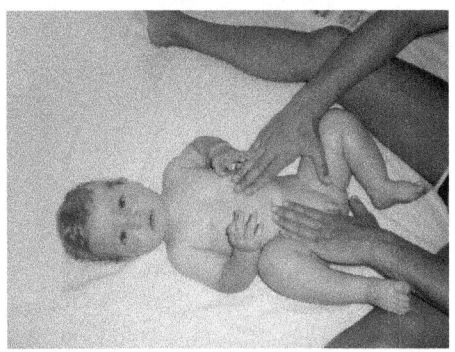 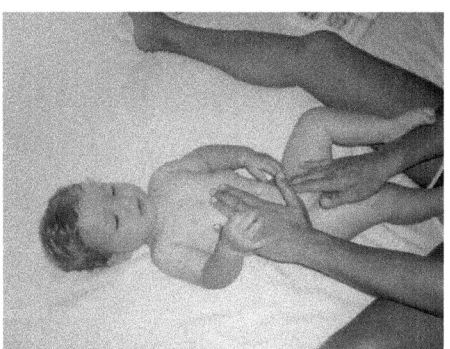

6.- Te quiero (I love you): describiremos las iniciales I, L, U, sobre el vientre del bebé. Desde el lado izquierdo del bebé realizamos un movimiento de arriba a bajo con nuestra mano derecha tres veces (I).

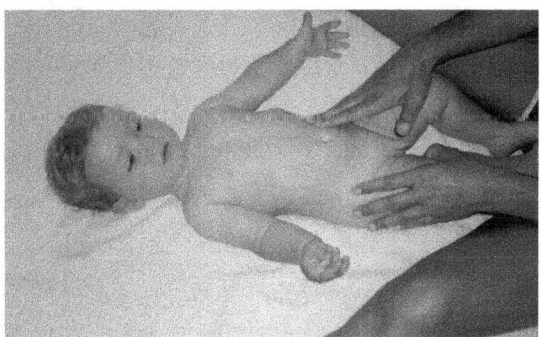

Seguiremos con la L, del lado derecho superior del vientre del bebé hacia el izquierdo y bajamos hacia la cadera izquierda.

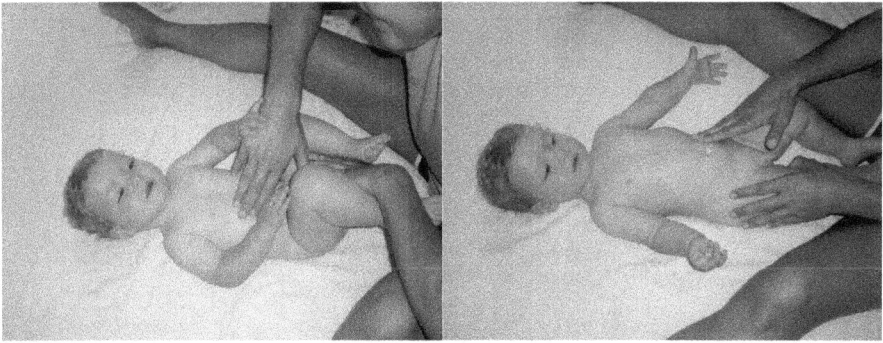

Finalizamos la maniobra con la U invertida, desde la cadera derecha del bebé, subimos nuestra mano hacia la caja torácica, cruzamos hacia la izquierda, y bajamos hasta la cadera izquierda.

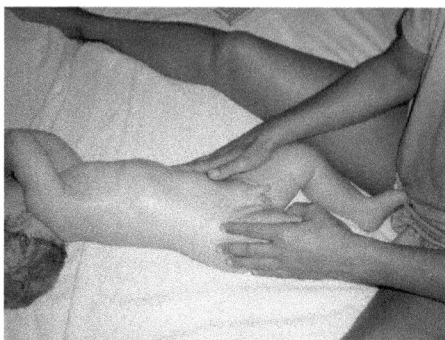
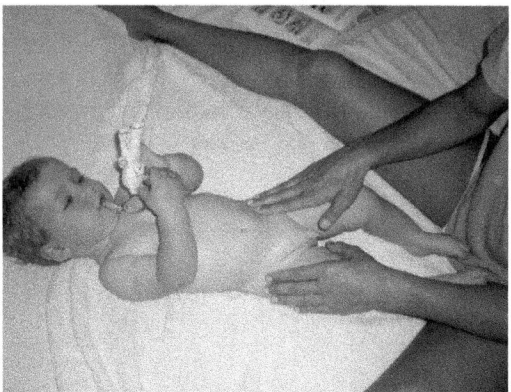

7.- Caminando: terminaremos el masaje de vientre, caminando con la yema de los dedos de izquierda a derecha, pasando por el ombligo del pequeño.

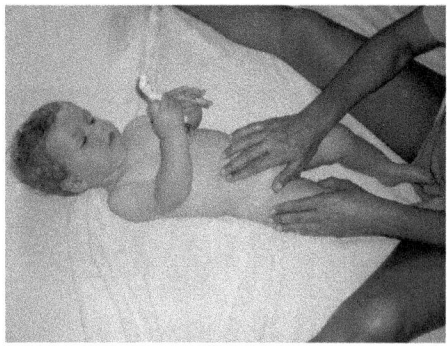

4.3. MASAJE EN EL PECHO

1.- Abrir un libro: desplazamos las manos haciendo presión desde el centro del pecho hacia fuera, como si aplanáramos las hojas de un libro; seguimos describiendo el dibujo de un corazón, hacia la caja torácica para volver a subirlas al punto de inicio.

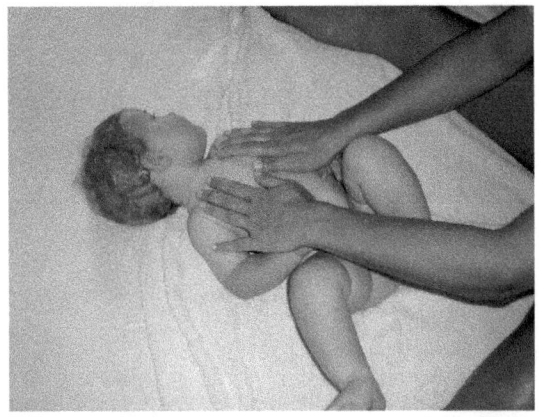

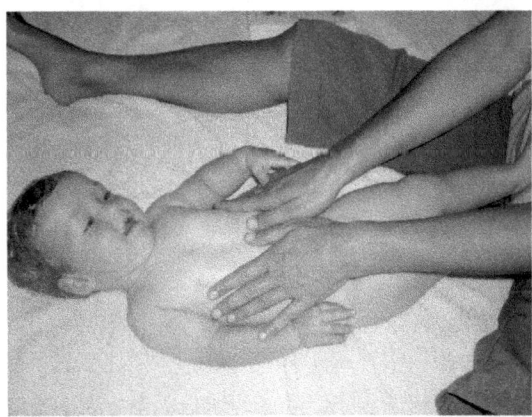

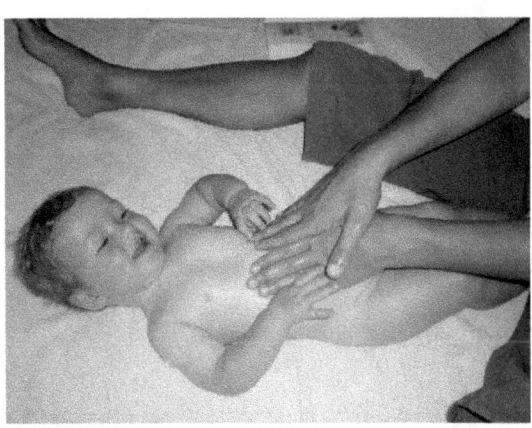

2.- Mariposa: partimos con las manos en el tórax del bebé. Subiremos la mano derecha en diagonal hacia el hombro derecho del niño, damos un pequeño empujoncito hacia nosotros, y bajamos al punto de partida. Realizaremos el mismo movimiento con la mano izquierda.

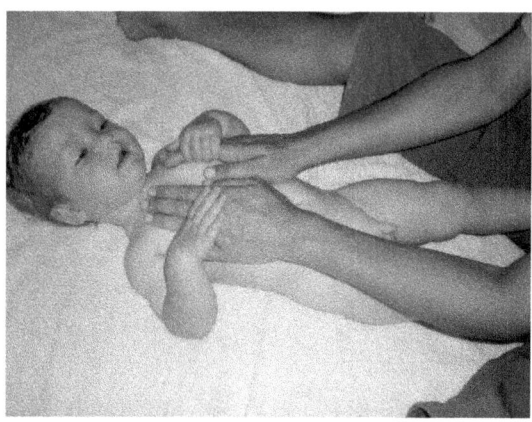

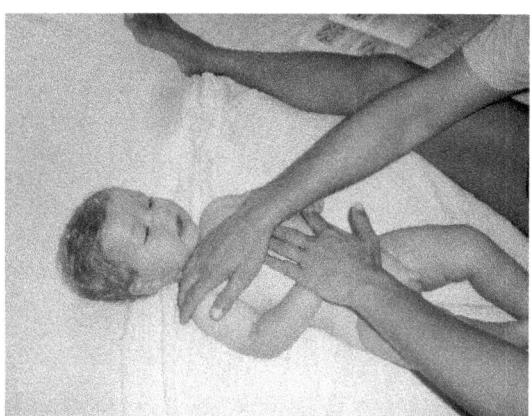

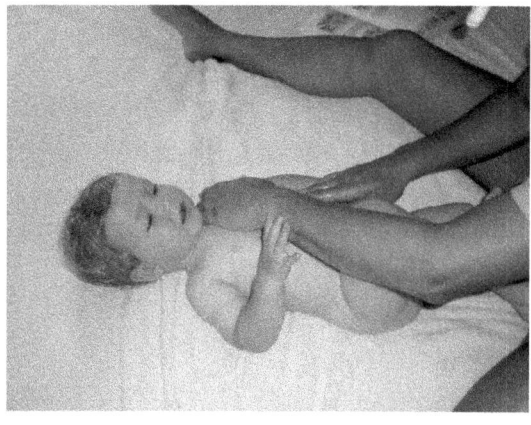

3.- Movimiento de integración: Deslizaremos las manos desde el pecho hasta los pies, para indicar al bebé que hemos terminado la zona.

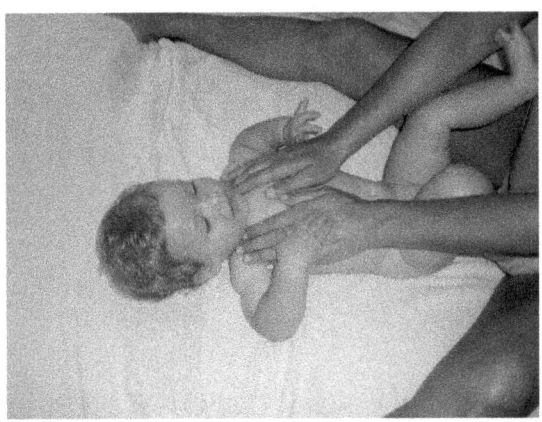

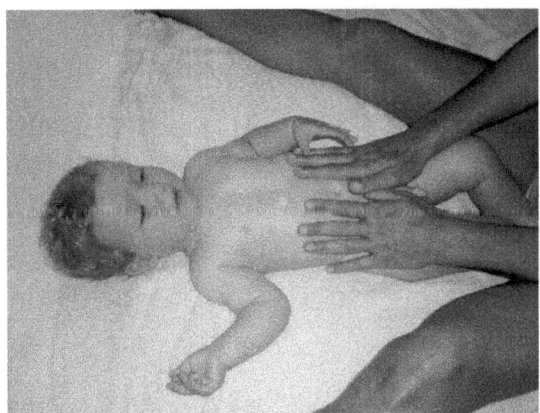

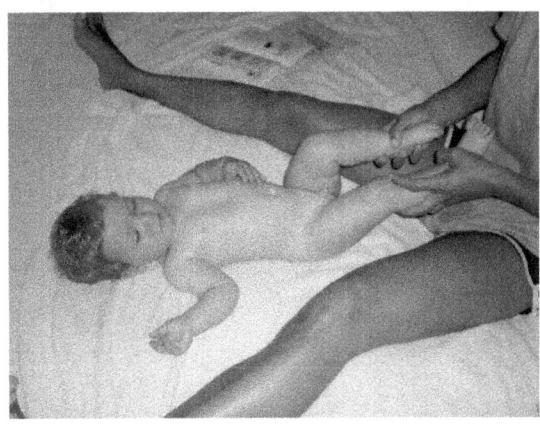

4.4. MASAJE EN BRAZOS Y MANOS

1. Pedimos permiso: tocamos los brazos del bebé indicando la zona que vamos a masajear.

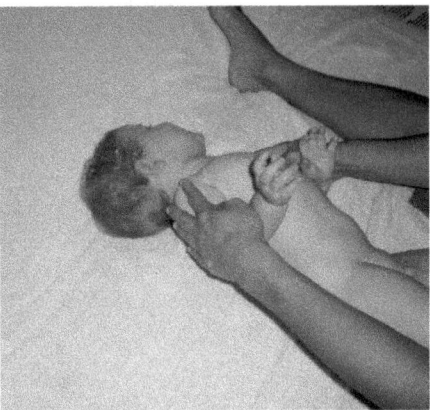

2.- Axilas: levantamos suavemente el bracito del bebé, y pasamos índice y corazón por su axila, de arriba abajo.

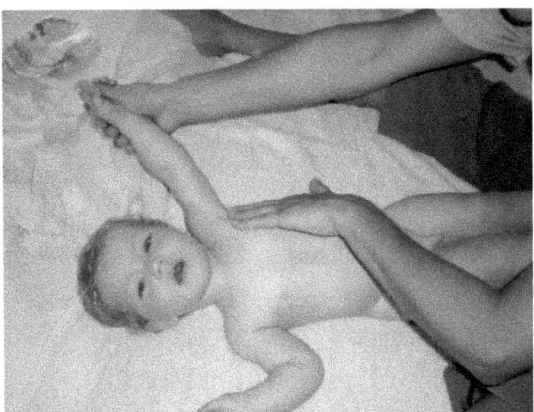

3.- Vaciado hindú: deslizamos desde el hombro hasta la muñeca nuestra mano, con el índice y el pulgar mirando hacia nosotros, para luego repetir el movimiento con la otra mano; así abarcamos la totalidad del brazo del niño.

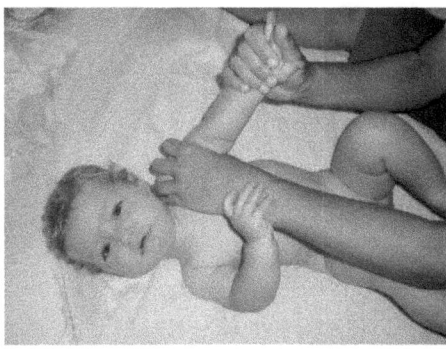 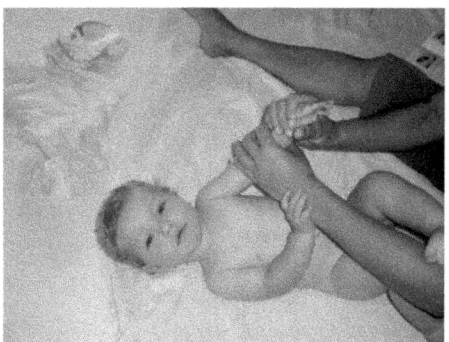

4.- Comprensión y torsión: partiremos con ambas manos enfrentadas desde el hombro del bebé, hasta la muñeca sin separarlas, y rotándolas con suavidad en sentido contrario, teniendo cuidado de no hacerle daño en la articulación del codo.

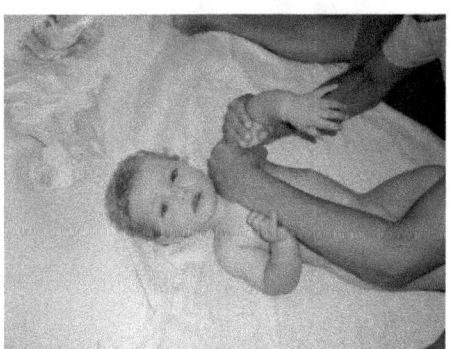 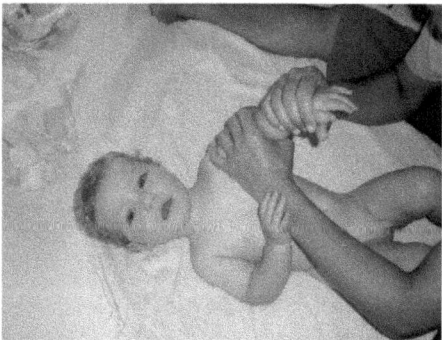

5.- Masaje en los dedos y manos: desde la base de cada uno de sus dedos, haremos pequeños rodamientos con nuestro índice y pulgar. En segundo lugar, le daremos unas caricias sobre el dorso de su mano, para terminar con una masajeo en la muñeca mediante pequeños círculos a su alrededor.

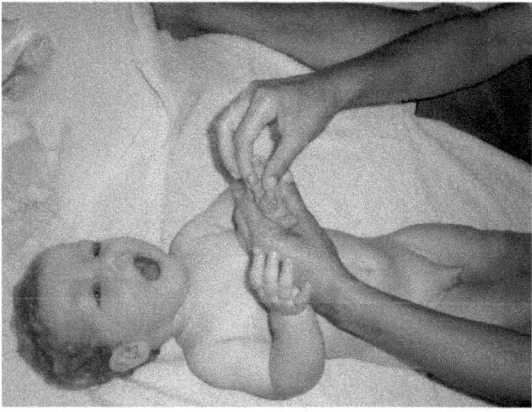

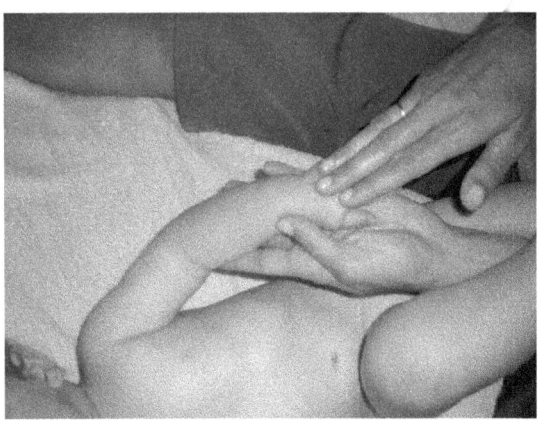

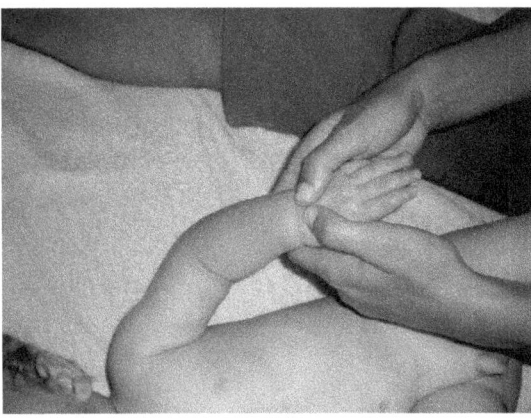

6.- Vaciado sueco: el movimiento es igual que el vaciado hindú, solo que éste se realizará desde la muñeca hacia el hombro, en sentido ascendente.

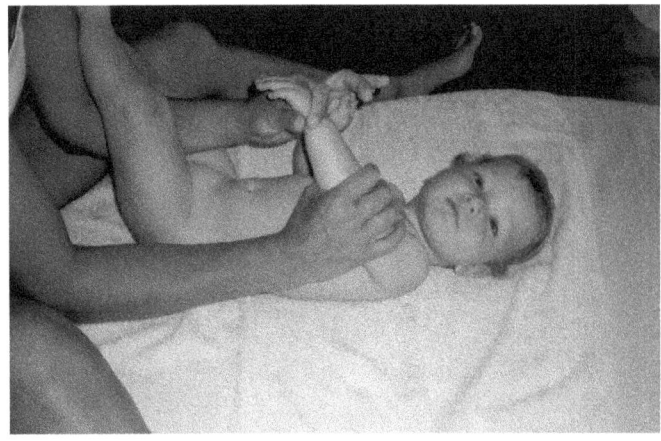

7.- Rodamientos y relajación de los brazos: haremos rodamientos de su brazo entre nuestras manos, desde el hombro del niño hasta la muñeca. Antes del movimiento de integración, realizaremos en la misma dirección, pequeños toquecitos, acompañados de un ligero balanceo.

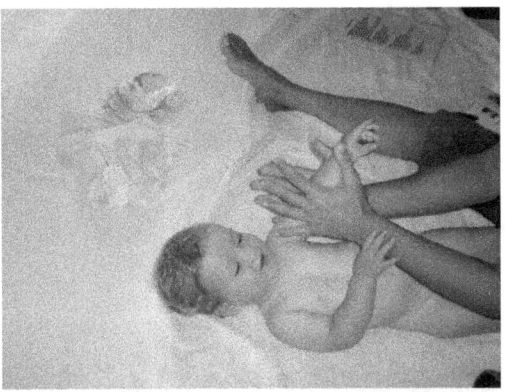

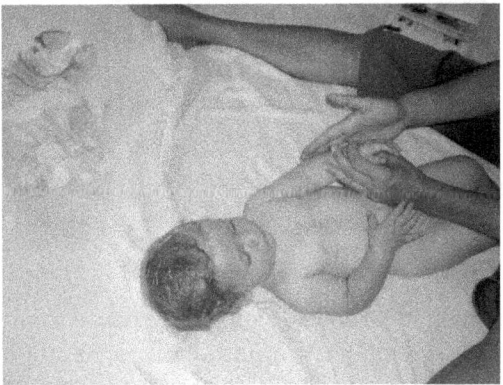

8.- Movimiento de integración: Deslizaremos las manos por todo el cuerpo, desde los hombros hasta los pies, para indicar al bebé que hemos terminado la zona.

4.5. MASAJE EN LA CARA

1.- Masaje en la frente: partimos del centro de la frente hacia las sienes, realizando un movimiento de deslizamiento con los dedos.

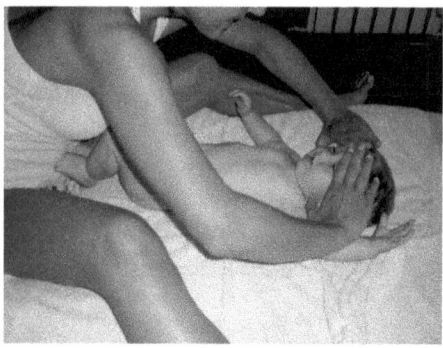
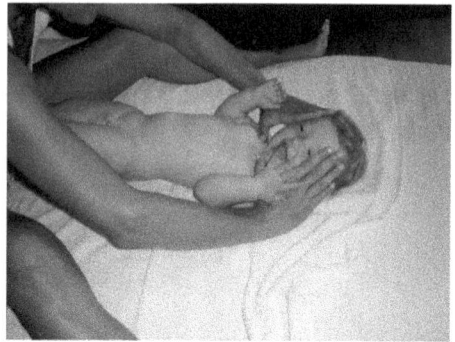

2.- Masaje sobre las cejas: partimos con nuestros pulgares en el entrecejo, dibujando una línea por encima de las cejas hacia fuera.

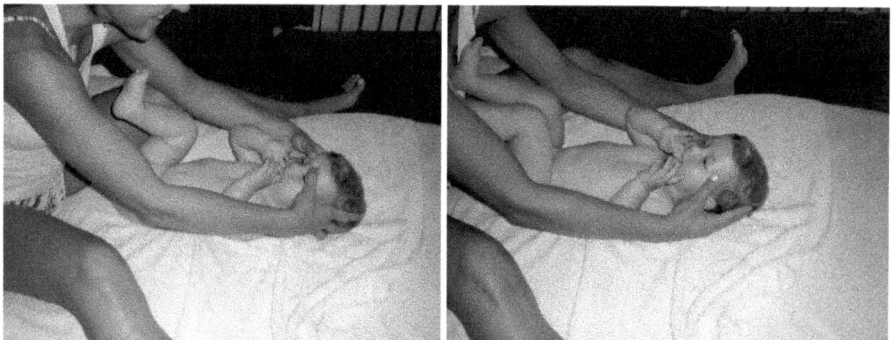

3.- Nariz y mejillas: colocamos nuestros pulgares sobre la nariz del bebé, haremos una pequeña presión hacia arriba sin movimiento, para luego terminar con un movimiento amplio que pase por las mejillas en dirección a las orejas.

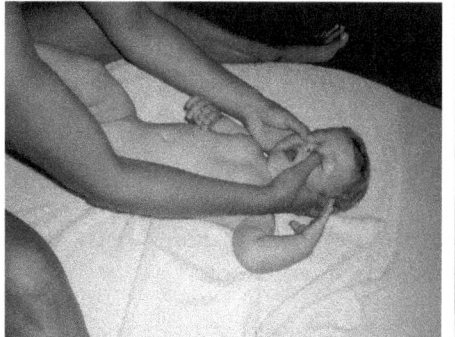
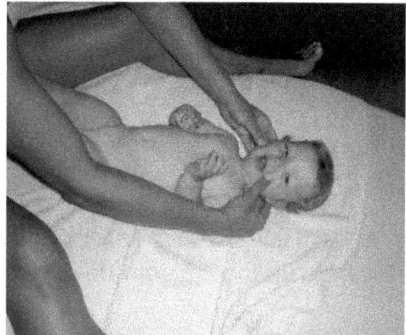

4.- Mandíbulas superior e inferior: con los pulgares, describimos pequeños círculos sobre la mandíbula superior, finalizando, con un deslizamiento de estos, hacia las orejas. En la mandíbula inferior, realizamos un único círculo, y de igual modo, terminamos desplazando los pulgares hacia las orejas.

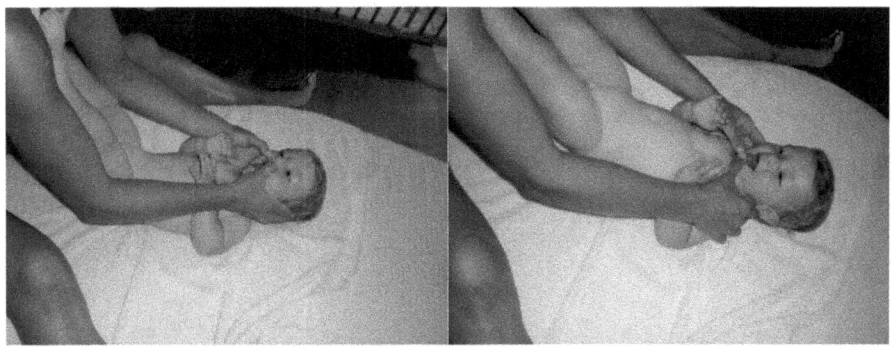

5.- Relajamos orejas y mandíbula: dibujamos con índices y pulgares pequeños círculos desde el pabellón hasta el lóbulo en las oreja, haciendo una pequeña presión hacia arriba en la mandíbula, para terminar deslizando estos dedos hacia el mentón.

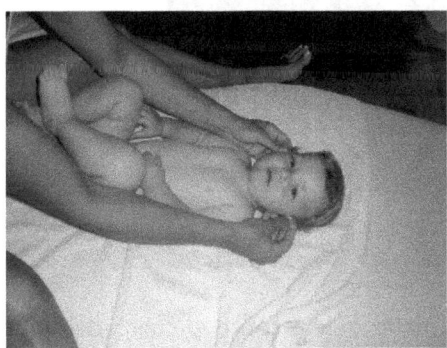
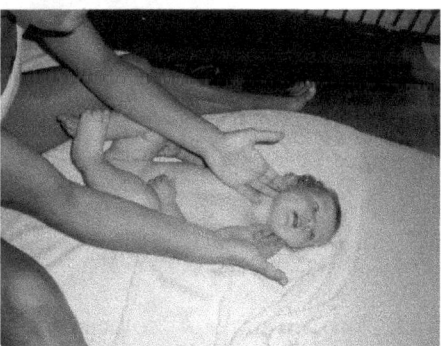
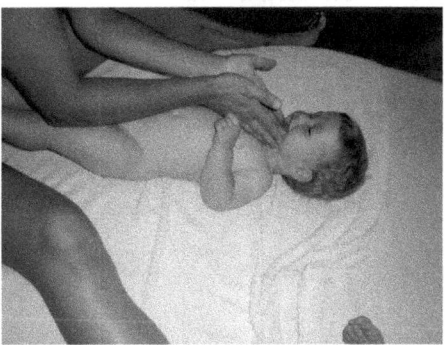

4.6. MASAJE EN LA ESPALDA

1.- Pedimos permiso: colocamos boca abajo al bebé y le pedimos permiso manteniendo nuestras manos quietas sobre su espalda.

2.- Vaivén: desde la parte superior de la espalda hasta la cadera, desplazamos las manos juntas, de manera que cada una se mueva en sentido contrario, una hacia adelante, y la otra hacia atrás.

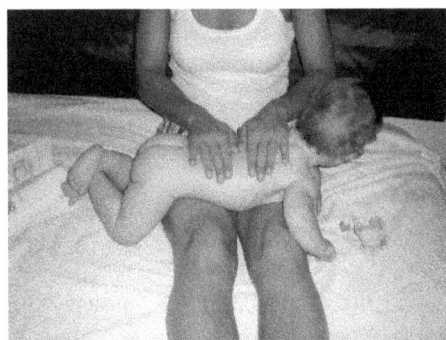
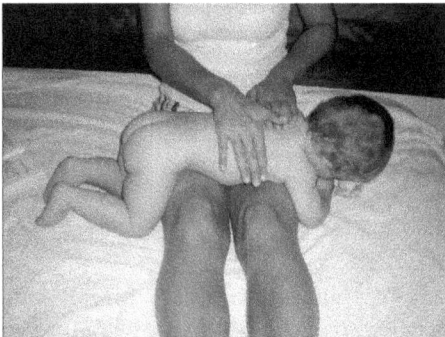
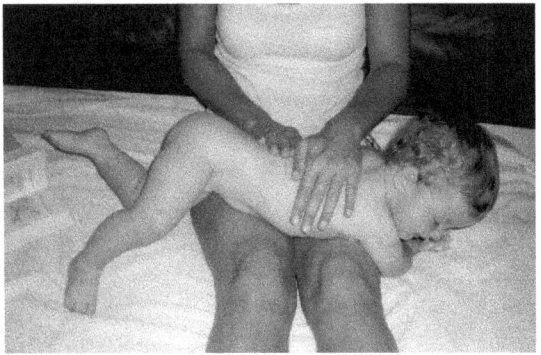

3.- Barrido parte A: colocamos una mano quieta sobre el culito del bebé, con la otra mano, realizamos un desplazamiento desde la parte superior de la espalda hasta esta.

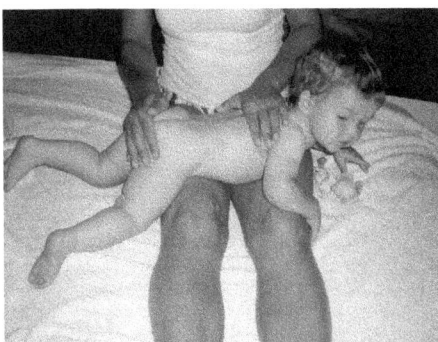
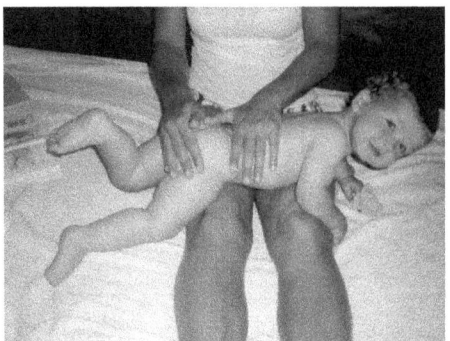

4.- Barrido parte B: igual que el movimiento anterior, solo que la mano en reposo la colocamos sujetando suavemente los pies del niño.

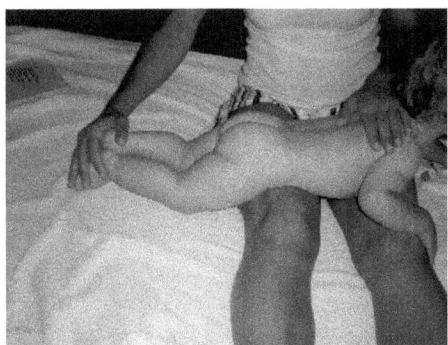
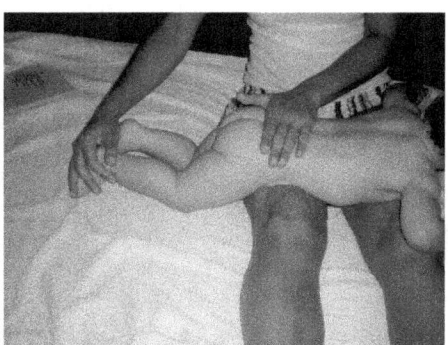
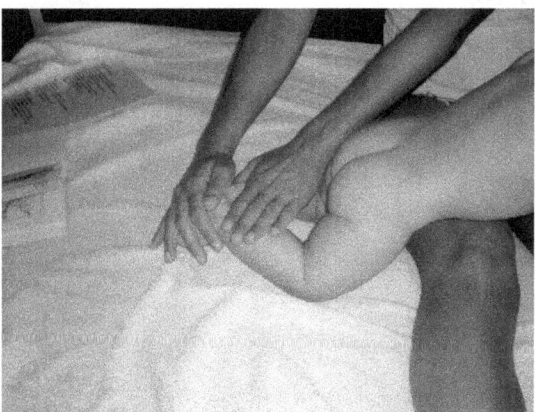

5.- Círculos en la espalda: siguiendo la columna vertebral, describimos con índices y corazón círculos, de arriba hacia abajo.

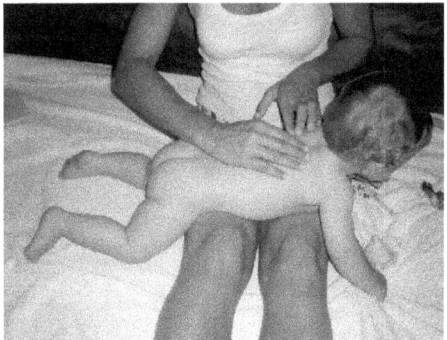
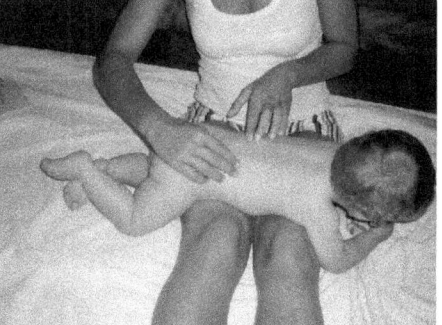

6.- Peinado: con los dedos separados, peinamos la espalda del bebé de arriba abajo; empezamos aplicando presión, para ir poco a poco disminuyéndola, hasta que la última pasada parezca una pluma.

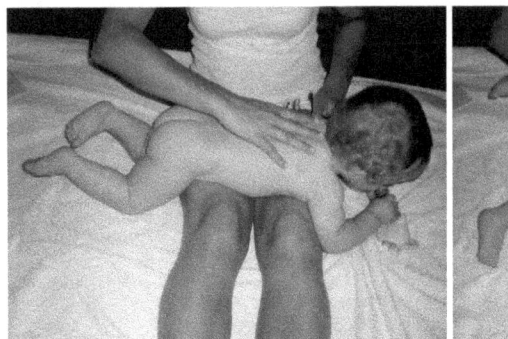
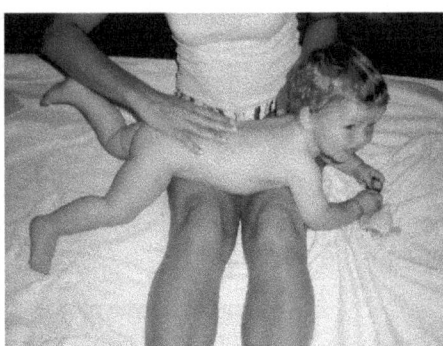
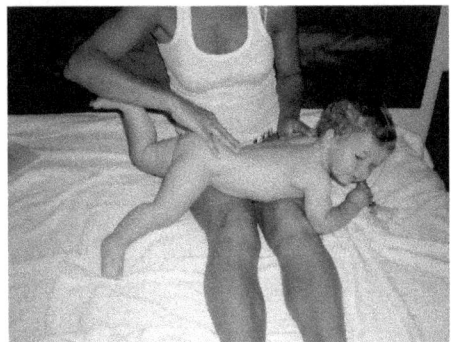

Capítulo IV
ESTIMULACIÓN TEMPRANA EN EL MEDIO ACUÁTICO

1. INTRODUCCIÓN

Como su nombre indica, la estimulación temprana en el medio acuático reúne dos conceptos integrados en la psicomotricidad, por un lado, la estimulación temprana y por otro, el medio acuático.

La estimulación temprana se motiva por la importante eficacia terapéutica de una intervención en las primeras edades. Después de nacer, el niño/a de corta edad continúa su desarrollo a través de una maduración neuromotriz que presenta una progresión acelerada. Esta maduración implica la evolución del sistema nervioso central gracias a procesos neurológicos específicos que crean y organizan las redes neuronales funcionales que constituyen la arquitectura cerebral. Esta arquitectura condiciona el desarrollo y el funcionamiento eficiente de todas las capacidades y habilidades del niño/a. La creación y la organización de redes neuronales funcionales, además de depender de factores biológicos filogenéticos, está condicionada por la frecuencia y las características de las experiencias sensoriomotrices y perceptivas que vive el niño/a en el entorno. Por ello, la estimulación temprana, que consiste en proporcionar este tipo de experiencias, de manera variada y pertinente, permite ayudar a que el desarrollo del niño/a se haga de manera apropiada. Sobre todo porque en estas edades, es cuando la capacidad de flexibilidad en la organización de redes neuronales (plasticidad neuronal) es más importante (Wambergue, 2009)

Por otro lado, el medio acuático representa un medio con unas características peculiares que repercuten de manera indisoluble en el desarrollo psicomotor. Su potencialidad para el trabajo en tres dimensiones, su capacidad para transmitir información propioceptiva, sus ventajas físicas y biomecánicas, se sumarán a los beneficios psicológicos que aporta un medio motivante, cálido y que recuerda a los primeros meses de vida en el vientre de nuestra madre.

A estos dos conceptos anteriores debemos añadirle la importancia que adquiere la afectividad en la evolución psicomotora del niño y que se ve afianzada profundamente en las actividades acuáticas con bebés. Moreno (2004) manifiesta que "su importancia reside en el desarrollo de una práctica educativa que sobrepasa la mera actividad corporal individual y se extiende a la relación entre padres e hijos".

De esta forma, parece indiscutible que debemos aprovechar las posibilidades de movimiento que proporciona el medio acuático como un núcleo que favorece y facilita la integración en diversos aspectos fundamentales en la psicomotricidad: tónico, gestual, verbal, psicológico y afectivo.

La estimulación acuática en los primeros meses le resultará al bebé un medio conocido y placentero, recordándole su experiencia en el líquido amniótico, además las posiciones dorsales y ventrales que adoptará en los comienzos de la estimulación en este medio presentarán una continuidad a las adoptadas en los brazos de los padres o la cuna, por lo que no les resultarán extrañas.

El trabajo con el bebé en el agua acentuará la estimulación sensorial ya que este medio proporciona un ambiente idóneo para conseguirlo. Un espacio diáfano, como es una piscina, donde los llamativos colores de los objetos flotantes despiertan el interés del bebé, facilita la fijación, el rastreo y la exploración, mecanismos éstos de la estimulación visual. La cantidad de información propioceptiva que recibimos cuando estamos envueltos por la lámina de agua, se suma a la insustituible transmisión de estímulos táctiles y afectivos que se producen en el abrazo entre madre/padre e hijo/a. La audición, el olfato y el gusto también se ven enriquecidos cuando trabajamos en el medio acuático.

Parece evidente que por mucho que llevemos al niño a la piscina no va a nadar antes o mejor que los demás, de la misma forma que no por intentar que un bebé camine a los tres meses lo va a conseguir a los cuatro. La estimulación debe ser adecuada a su maduración, en el caso del trabajo en la piscina, el niño no conseguirá un desarrollo motor autónomo hasta que su madurez se lo permita, por este motivo y teniendo en cuenta que su madurez la adquiere aproximadamente a los tres años la secuencia de movimientos anteriores a esta edad en la piscina serían (Castillo 2002):

- Movimientos reflejos alternativos de brazos y piernas (nado automático)
- Movimientos simultáneos poco organizados (tipo "ranita")
- Movimientos alternativos de piernas (flexo-extensión y bicicleta)
- Movimientos coordinados de brazos y piernas

Resulta obvio, que la simple maduración del sistema nervioso no garantiza el desarrollo de las habilidades motoras ni intelectuales más complejas. Para su desarrollo necesitamos estimulación externa que "invite" al niño a experimentar nuevos movimientos de ajuste que desarrollen un patrón motor óptimo. Diferentes investigaciones argumentan que el medio acuático proporciona una mejora en los cambios de maduración biológica del ser humano (McGraw, 1939; Mayerhofer, 1952; Wielki y Houben, 1983; Numminem y Sääkslati, 1995). Moreno y de Paula (2009) aseguran que el desarrollo de los reflejos en el medio acuático puede permitir al bebé una buena forma de adaptar su motricidad a dicho medio.

2. OBJETIVOS

Los objetivos en el medio acuático responden a las demandas psicomotrices del infante por lo que se tienen en cuenta aspectos psicológicos, motrices y emocionales. Estos objetivos se resumen en:

- Conseguir la adaptación al medio acuático.
- Estimular la actividad refleja.
- Conseguir automatismos que favorezcan la autonomía en las acciones motrices en este medio
- Utilizar el juego acuático como vehículo para el desarrollo psicomotor en este medio.
- Aprovechar las características físicas del agua para aumentar las sensaciones propioceptivas en el bebé.
- Potenciar las relaciones materno/paterno-hijos.
- Incentivar estímulos emocionales en padres/madre e hijos.

Además de los objetivos específicos señalados, los objetivos generales deberían relacionarse con los objetivos que vienen determinados por la ley de educación en la etapa infantil. Del Castillo (2002), afirma que los objetivos en una escuela infantil acuática se identifican con los señalados en esta etapa en el Diseño Curricular Base de Educación Infantil. Actualmente dentro de los objetivos que vienen dispuestos en el currículo oficial destacan aspectos como: el conocimiento del propio cuerpo y de los demás; observación y exploración del entrono familiar y natural; adquisición progresiva de autonomía; desarrollo de capacidades afectivas; desarrollar habilidades comunicativas, todos ellos encuentran en el medio acuático una herramienta idónea para su consecución.

3. BENEFICIOS

El trabajo de estimulación en el medio acuático con el bebé presenta importantes beneficios en distintas áreas del ser humano: intelectual, psicológico, emocional, motor, socio afectivo y orgánico. La amplia bibliografía que apoya la argumentación de estos beneficios es suficiente como para considerarla una práctica importante en el desarrollo psicomotor del niño.

Intelectual: Se ha comprobado que la estimulación en sí misma, independientemente de la técnica y/o el medio consigue resultados positivos. Algunos estudios demuestran que los bebés que recibieron una estimulación posnatal correcta los primeros meses de vida obtuvieron resultados significativamente mejores en relación a la inteligencia y el coeficiente intelectual que niños que no fueron estimulados (Manrique 2005). Estudios alemanes realizados con niños en edad escolar pusieron de manifiesto que aquellos que realizaban prácticas acuáticas desde bebés, mostraban un coeficiente intelectual más alto que aquellos otros que no sabían nadar, destacando asimismo que las actividades acuáticas en edades tempranas mejoraban la atención y la independencia (Diem y cols.,

1978). Los niños que han sido estimulados en el medio acuático los primeros años de vida desarrollan una mayor percepción, atención y capacidad creativa lo que sin duda repercutirá en su futuro aprendizaje. (Ahr, 1990, Guerrero 1991, Le Camus 1993).

Motor: Las características especiales del medio acuático permitirán al niño desplazarse en los tres ejes del espacio, la conocida "ingravidez" facilitará un mayor campo de experiencia motriz consiguiendo movimientos fundamentales en su desarrollo, tales como los giros que son adquiridos con mayor facilidad en este medio (Prieto, 2008). En el agua también aumenta las sensaciones táctiles, así como la información propioceptiva lo que mejorará sin ninguna duda la concepción del esquema corporal por parte del bebé y el niño. Si utilizamos vasos de agua con una temperatura superior a los 32º conseguiremos incidir en la relajación y control del tono muscular.

Relación afectiva: El hecho de compartir la estimulación con sus padres y la necesidad permanente del contacto físico con ellos, se unen al placer experimentado por el bebé en un medio distinto y divertido. El ambiente generado en las piscinas consigue una predisposición positiva por parte del papá o la mamá, eliminando situaciones de estrés de la vida cotidiana para buscar un momento de encuentro lleno de cariño y ternura con su bebé.

Socialización: Suele ser común, que en el medio terrestre el niño sea estimulado por su padre, madre o terapeuta de forma individualizada y aislada. Por el contrario, en el medio acuático, los programas de estimulación son grupales permitiendo un trabajo individualizado del padre con su hijo al mismo tiempo que comparte la experiencia con otros grupos de padres e hijos.

Orgánico: Hernández (2005), afirma que cuando estimulamos al bebé en el agua conseguimos ayudar al sistema inmunológico y al fortalecimiento del sistema cardiorrespiratorio. La presión del agua sobre la caja torácica ayuda a la potenciación de la musculatura respiratoria, además la humedad existente en la piscina favorece la eliminación de mucosidades, por otro lado mejora la movilidad intestinal favoreciendo el apetito (Manrique 2005, Papas 2000, Vanina 2005).

4. REFLEJOS EN EL MEDIO ACUÁTICO.

Como ya hemos mencionado en los primeros capítulos, los bebés disponen de unos reflejos, fundamentalmente en los primeros meses, que hacen posible el progresivo desarrollo de una conducta adaptada al medio en que se desenvuelvan, en este caso el agua. Cuando, limitamos la experiencia motriz del bebé a los leves giros que desarrolla en la cuna y los paseos en el cochecito por el parque,

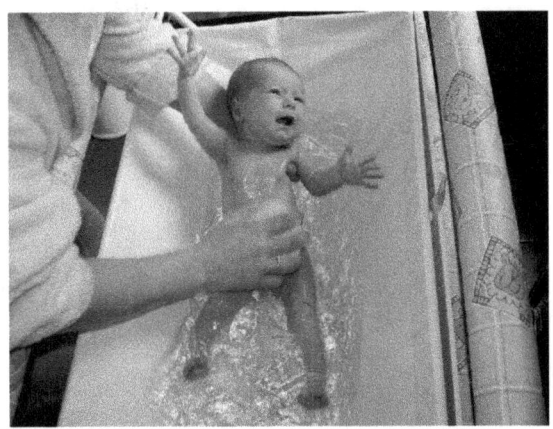

estamos coartando el desarrollo tanto físico como intelectual del bebé, en un período crítico de su vida.

En el medio acuático algunos de estos reflejos ven favorecida su estimulación:

Reflejo del moro: También llamado "del abrazo" por el movimiento que describe el bebé en su reacción. Es un reflejo defensivo y aunque no es específico del medio acuático, adquiere posibilidades muy enriquecedoras para su activación en este medio. Colocando al bebé en flotación dorsal, levantamos su cabeza lentamente para posteriormente dejarla caer hacia el agua de forma brusca, consiguiendo en el bebé un primer movimiento de extensión de brazos que concluye con abrazo convulsivo sobre sí mismo. Su duración es aproximadamente hasta los 4-6 meses.

El reflejo del anfibio: Es el reflejo básico en el medio acuático, al colocar al bebé en decúbito (prono o supino) mueve enérgicamente las piernas, los brazos y el tronco para desplazarse. Obviamente el reflejo es involuntario y consigue desplazamientos cortos, pero su activación permanente consigue que se convierta en movimientos voluntarios imprescindible para el desplazamiento a partir de los 4-6 meses que es cuando desaparece. A partir de esta edad es importante automatizarlo como acto voluntario.

Reflejo palpebral: Es un reflejo de reacción que utiliza el bebé cerrando los ojos cuando recibe un estímulo luminoso. Algunos autores lo han adaptado al medio acuático aplicándole el sentido inverso, es decir, reacción del niño a abrir los ojos dentro del agua. Se produce desde el nacimiento hasta los dos años, y consiste en mantener los ojos abiertos debajo del agua, permitiéndole al bebé bucear y orientarse.

Reflejo de búsqueda: Cuando el bebé se encuentra en flotación dorsal, éste reflejo facilita la localización de la cabeza y su orientación. Desde el nacimiento hasta los 5-6 meses.

Reflejo tónico-cervical simétrico: Gracias a este reflejo, el bebé mantiene las vías respiratorias fuera del agua en posición ventral. También denominado "reflejo de enderezamiento"

Respuesta de Jerónimo: En el medio acuático se produce en algunos niños la inquietud por lanzarse al agua. Desde el quinto al noveno mes.

Reflejo tónico-cervical asimétrico: Este reflejo facilita el cambio de la posición ventral a la dorsal. Desde el nacimiento al quinto mes

Reflejo del gateo: Aparece sobre los nueve meses y se prolonga, transformándose en acción voluntaria, favoreciendo la propulsión en el estilo "perrito".

Reflejo natatorio: Son movimientos de brazos y piernas con cierto carácter rítmico y que se realizan cuando se sujeta al bebé por los costados y se le coloca en contacto con la superficie del agua en posición ventral. Hasta el quinto mes, (McGraw 1939).

Reflejo del chapoteo o hidropedal: Viene a ser la reacción de Baüer o "marcha automática en el agua".

Reflejo de apnea: Se produce desde el nacimiento hasta el sexto mes sino se ejercita. Cuando sumergimos a un bebé en el agua se producen dos reacciones, por un lado el llamado reflejo de inmersión en el que el cuerpo utiliza la sangre oxigenada con más eficacia, y por otro lado, el reflejo de la glotis o "faucal" que es el que comúnmente conocemos. Este reflejo provoca un espasmo involuntario de glotis y la epiglotis impidiendo que entre agua por la tráquea.

Son muchos los especialistas que consideran la inmersión como un ejercicio indispensable en el desarrollo y la adaptación del bebé en el agua. Debe trabajarse desde las primeras etapas con ejercicios en la bañera en las que dejaremos caer el agua sobre su cara, cuasi-inmersiones hasta el labio superior, e inmersiones totales pero cortas y confiadas. Sólo deben realizarse cuando el bebé este tranquilo, relajado y sin brusquedad, en estas condiciones la experiencia no debería ser traumatizante (Le Camus, 1993).

5. FACTORES A TENER EN CUENTA

5.1. EDAD DE COMIENZO

El bebé está preparado para afrontar el medio acuático desde el primer día, lógicamente no podemos llevar a un infante de tan sólo 15 días a una piscina pública para realizar su baño habitual. La edad de comienzo es cuestionada por distintos autores en función de diversos factores, entre los que se encuentran el tipo de piscina o vaso que vamos a utilizar, vacunas, etc. La estimulación en el agua comienza desde su primer baño, debemos aprovechar ese momento para comenzar a activar algunos reflejos y para evitar que el niño se olvide de este "medio acuoso" en el que se encontraba antes de nacer. Cuanto más tarde comience su trabajo en la piscina más difícil será convertir en voluntarios los movimientos que primitivamente eran reflejos, mas inquietud ofrecerá el medio y con más facilidad aparecerá el tan indeseado "miedo al agua" un miedo que sin lugar a dudas no viene determinado en el nacimiento.

La mayoría de programas establecen sus primeros objetivos en la piscina entre las 12 y 20 semanas. Aún así no debemos sentirnos presionados por asistir a estas sesiones, y no pensar que si no lo hacemos a los tres meses ya no merece la pena, siempre podremos adaptar los objetivos y las actividades a la edad y la experiencia específica del bebé o el niño.

5.2. TIEMPO DE LA SESIÓN:

- De 3 a 6 meses : 30 minutos
- De 6 a 12 meses: 30-45 minutos
- Más de 12 meses: 45-60 minutos

5.3. PISICINA Y MATERIAL

El tipo de instalación que vamos a utilizar para trabajar con los bebés tiene más importancia de la que en un principio pudiéramos pensar. Desgraciadamente las instalaciones acuáticas no se suelen construir pensando en los bebés, aunque en los últimos años hemos experimentado un gran avance al respecto.

La temperatura del agua debe estar entre los 31° C y 34° C, de esta manera el bebé se sentirá cómodo y podrás mantenerlo en el agua el tiempo correspondiente a la sesión, debemos recordar que los bebés disponen de una piel menos gruesa y de una red capilar subcutánea mas densa, factores que favorecen la pérdida calórica (Ahr, 1990, Cirigliano 1981, Conde 1999). La temperatura del ambiente también es importante y debería situarse unos 2° C por encima de la temperatura del agua, ya que los bebés necesitan, en muchas ocasiones, salir del agua para poder cambiarles, darle de comer, etc. Según Freedman (2006), los bebés no tiemblan cuando tienen frío, la sangre adicional de la piel se redirige a los órganos vitales del cuerpo, lo cual hace que los labios se les pongan morados.

Se recomienda empezar con una temperatura de 36º C en la bañera y realizar el cambio de manera progresiva a la piscina.

Las piscinas más adecuadas para los bebés son las piscinas de ozono, desgraciadamente éstas son muy poco frecuentes. Si la piscina está tratada con cloro, que es lo más común, el nivel de cloración deberá situarse entre el 0,5 y el 0,6 por ciento.

Es recomendable que la piscina sea cubierta y climatizada, que el vaso sea, al menos, un vaso especial de enseñanza, que cumpla con los requisitos higiénicos sanitarios previstos. Además es importante que exista una zona específica para cambiar al niño cerca del vaso. En muchas ocasiones los vestuarios se encuentran lejos del vaso y con temperaturas muy variables.

Material

El material complementario para la estimulación del bebé en el medio acuático es muy diverso y variado:

- Churros y o patatas: Es un material que podemos encontrar con facilidad en cualquier instalación acuática. Su polivalencia nos permite multitud de actividades para trabajar en los tres ejes a cualquier edad.
- Manguitos: Debemos utilizarlos como un medio, no como un fin. Son un elemento de flotación útil para determinadas actividades en niños de corta edad que no dominan la flotación
- Conectores: Nos permitirán conseguir diversas formas y figuras con los churros
- Picas lastradas: Adecuadas para el trabajo subacuático
- Aros: Pueden ser lastrados o flotantes. Según sus características se utilizan para diferentes objetivos. Buceo, desplazamientos, giros...
- Tapices: Son colchonetas flotantes de gran utilidad desde los bebés hasta niños de mayor edad.
- Esponjas: Son un elemento muy atractivo para los bebés, su tacto y su capacidad de absorción permite al bebé el trabajo de prensión mientras ven y sienten como les cae el agua.
- Regaderas: De la misma forma que las esponjas, es un material muy llamativo para el niño, además de utilizarse como elemento para estimular el trabajo de la apnea en los primeros momentos.
- Material lúdico: Se puede utilizar gran cantidad de material que por sus formas, colores y/o sonidos puedan llamar la atención del bebé o el niño facilitando el trabajo sobre reflejos o actitudes que queremos estimular.

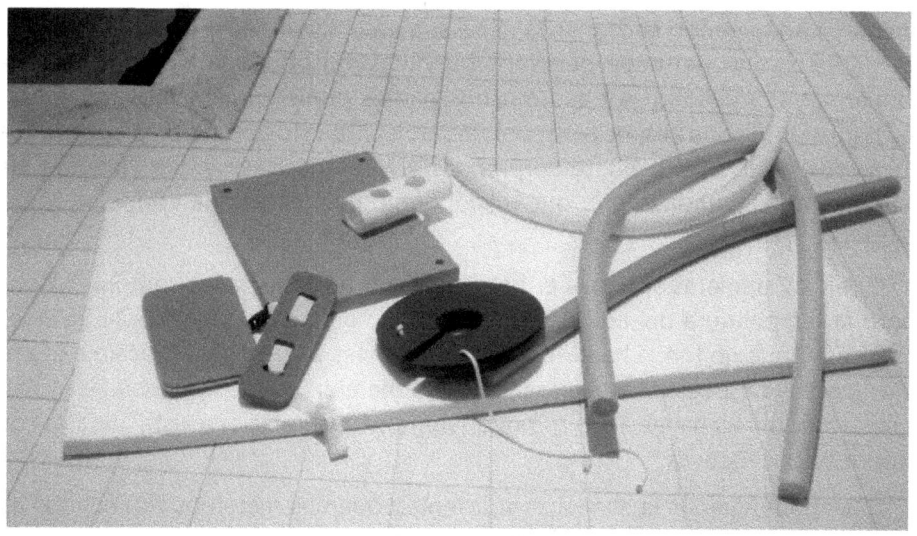

6. CONDUCTAS MOTRICES BÁSICAS EN EL MEDIO ACUÁTICO

6.1. EN LA BAÑERA:

La bañera es el lugar ideal para comenzar a familiarizar al bebé con el medio acuático. Olvídate de la percepción única de que el baño es para mantener limpio al niño. Evidentemente ésta es una de sus funciones, pero debemos ir mucho más allá, el momento de bañarse es un momento de disfrutar con el bebé, con sus nuevas sensaciones, es idóneo para conocer sus respuestas, su comunicación no verbal. Es un momento de encuentro entre padres e hijo que debe permitir crear los pilares para disfrutar posteriormente de sesiones programas de estimulación en una piscina.

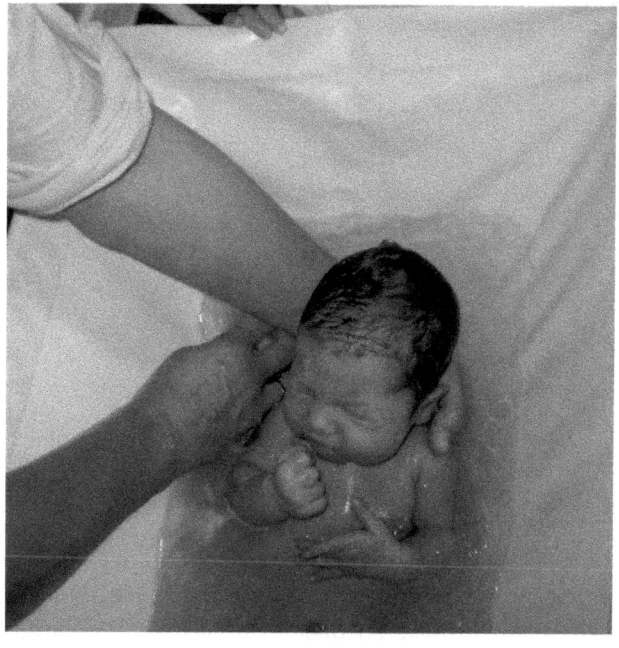

Algunos especialistas afirman que es mejor comenzar desde el principio en una bañera de adultos donde podáis introduciros los dos. Lo importante es que ambos puedan ir adquiriendo la confianza necesaria en el medio para disfrutar de él. En los primeros días del bebé debemos buscar como objetivo prioritario nuestra confianza y comodidad, por eso muchos padres prefieren comenzar los primeros baños en piscinas especiales para bebés. Utiliza estos primeros días para conocer sus reacciones y no te sorprendas si presenta respuestas violentas de estiramiento, o paraditas, etc., que responden simplemente a la estimulación refleja.

Si en las primeras sesiones el bebé llora, no te desesperes, comprueba que tanto la temperatura del agua (32-34°) como la ambiental (mínimo 24-25°) sea la correcta, que no tenga hambre, sueño..., en estas situaciones abrázalo e inténtalo minutos después, si es necesario abandona el baño, podría deberse a cualquier reacción ajena al agua y no queremos que relacione este medio con experiencias negativas.

Cuando tengamos la confianza suficiente podemos meternos con el bebé en la bañera y comenzar con ejercicios que le familiaricen con la sensación de flotar. Nota como poco a poco su cuerpo se va relajando sesión tras sesión.

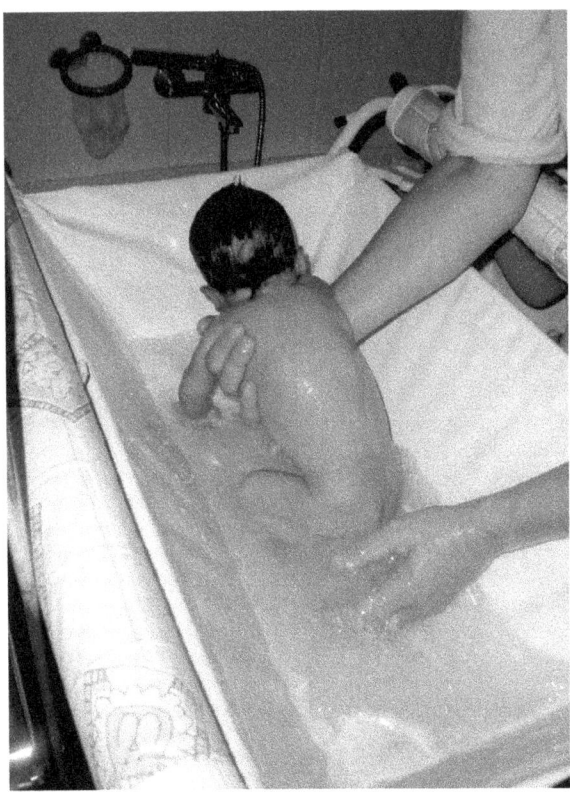

Los movimientos que realizaremos en la bañera no siempre son premeditados, debemos dejar que cada día sea una nueva experiencia que vendrá marcada por el propio bebé, aprenderemos a leer su lenguaje corporal y observaremos como se encuentra más cómodo y relajado, qué posición le gusta más y cuál le genera cierta tensión.

Si él bebé se encuentra cómodo en el agua realiza flotaciones dorsales sosteniéndolo con toda la mano detrás de la nuca-espalda y disminuyendo el apoyo gradualmente hasta que sólo mantengas el contacto de uno o dos dedos en la nuca. También puedes realizar flotaciones ventrales en las que por un lado deberás sujetar al bebé desde el pecho y por otro ayudar al control cervical sujetando la barbilla. Por último no nos olvidemos de mojar en distintas ocasiones su carita. Esto lo podemos hacer al principio con la mano y posteriormente con una esponja, con una regadera o con cualquier cuenco o juguete del que dispongamos en la bañera.

Debemos asegurarnos que al entrar en la bañera el niño se sitúe mirando hacia nosotros, una vez que le notemos cómodo giraremos su cuerpo para que se apoye sobre nuestro abdomen, mientras le manejamos suavemente para adoptar distintas posiciones, le hablaremos o cantaremos para que se sienta más relajado.

6.2. PISCINA

6.2.1. Familiarización

La etapa de familiarización es un momento por el que tienen que pasar todos los niños. El bebé después de su nacimiento pierde el contacto permanente con el medio acuoso adaptándose al medio terrestre en todas sus dimensiones. Por este motivo cuanto mas tardemos en llevar al bebé a la piscina, más intensa será la etapa de familiarización, por el contrario cuanto antes acudamos a la piscina más sencilla será la adaptación al agua.

Cuando acudimos por primera vez a una instalación acuática con nuestro bebé, un nuevo mundo se abre ante sus sentidos, estas nuevas sensaciones necesitarán un periodo de asimilación para poder disfrutarlas en su plenitud. Los mimos, las caricias, los estímulos positivos jugaran un papel fundamental en esta etapa.

Por lo general, es una etapa de escasa duración ya que el bebé o el niño suele recibir este acercamiento con agrado (siempre que no hayan existido experiencias negativas previas).

En las primeras sesiones con el bebé es recomendable sentarnos en el borde de la piscina o en la escalera sosteniéndolo en nuestro regazo, sin que esté en contacto con el agua pero sí observándolo, podemos mostrarle elementos o juguetes de su agrado para que relacione el medio con cosas positivas. Posteriormente y de forma progresiva iremos mojando a nuestro bebé con una esponja o una regadera dejando caer el agua por sus manitas, sus brazos, sus pies, su barriguita...finalmente por encima de la cabeza.

A medida que el bebé empieza a ser autónomo en sus ajustes posturales, es decir, puede sentarse y posteriormente ponerse de pie, iniciaremos el proceso con ellos en estas posiciones y cogidos de nuestras manos, es importante que al comienzo sientan nuestro contacto y cercanía, esto les dará confianza y seguridad.

Una vez que su "cuerpecito" ha notado el agua es el momento de introducirnos con ellos en la piscina. Hasta los 6 meses es recomendable entrar al agua como un solo cuerpo, es decir accederemos con el bebé muy despacio en nuestros brazos o rodillas como si fuesen parte de nuestro cuerpo. A partir de los 6-9 meses que ya mantienen sentado o de pie, podemos entrar nosotros primero al agua para después agarrarlos por los brazos o las axilas y meterlos en el agua.

Según van creciendo es importante habituarlos al rito de la ducha, como parte introductoria a todas las sesiones acuáticas.

La familiarización es una etapa en la que cada bebé necesitará su propio tiempo, no debería preocuparnos marcar un tiempo determinado, será el bebé el que nos lo marcará. Si observamos que se adapta muy rápidamente, pasaremos a trabajar los objetivos marcados en esa sesión.

Aunque la etapa suele ser corta, es importante cuidar los detalles para que el bebé no tenga sensaciones negativas, para ello evitaremos salpicarle, le hablaremos constantemente con un tono tierno y cariñoso, mantendremos siempre el contacto visual y cada poco tiempo habrá un abrazo o una caricia, por último evita agarrarle con fuerza, sostenerlo de una forma segura no implica que ésta sea molesta para el bebé, ten confianza en ti mismo y en los agarres, el bebé lo notará y lo agradecerá.

Si en las primeras sesiones el niño llora no debemos preocuparnos demasiado, realmente no tiene porque estar relacionado su llanto con el medio acuático, como ya hemos mencionado existen muchas razones que pueden provocar el llanto en el bebé cuando está en el agua, de la misma forma que cuando está en tierra: frío, hambre, cansancio, ruidos extraños (barullo que se forma en muchas piscinas) salpicaduras, sustos, incluso puede haber tragado algo de agua en algún momento. Debemos intentar que no relacione ese momento con el medio acuático en sí, de esta manera evitaremos un relación causal.

6.2.2. Inmersión

La inmersión es una situación que resulta, sencilla y placentera para el bebé de menos de 4 o 5 meses, le resulta natural gracias a los reflejos innatos ya descritos en este capítulo. En ocasiones el problema principal radica en la inseguridad de los padres a realizar este tipo de acciones, es normal que al principio, a un padre le resulte inquietante sumergir a su hijo en el agua, pero debemos tener presente que cuanto antes lo hagamos, mas fácil les resultará y obtendremos muchos beneficios que nos facilitarán posteriores actividades en el medio acuático.

La inmersión es un proceso de descubrimiento para el lactante, se abre ante él un mudo nuevo a explorar, la ingravidez del medio le permitirán experimentar movimientos y sensaciones únicas. Éste es un proceso continuo que debe comenzarse desde los primeros días y que avanzará desde el momento en que dejamos caer agua sobre su carita, hasta el momento donde literalmente buceamos con nuestro bebé.

Cuando estamos en la piscina, es probable que en alguna ocasión el niño sumerja involuntariamente la cara y pueda tragar un poco de agua, en está situación no debemos darle mas importancia que la que realmente tiene, debemos restarle relevancia al incidente y continuar con acciones motivantes para el niño.

Generalmente, las primeras inmersiones en una piscina vienen precedidas de experiencias subacuáticas que el bebé ha recibido en la bañera o en la propia piscina en situaciones accidentales donde, como ya comentamos, ha tragado algo de agua.

La inmersión puede realizarse desde el primer día con ejercicios en los que sostenemos al bebé con firmeza por debajo de sus brazos y con desplazamientos hacia delante sumergimos su cara. Generalmente los bebés están abiertos a estas nuevas experiencias si sus padres se las presentan con naturalidad, los bebés que empiezan a sumergirse desde recién nacidos lo hacen sin apenas cambiar de expresión, el único gesto que es común es el de sorpresa tras haber mantenido los ojos abiertos bajo el agua (Freedman 2006).

Es importante que al bebé le avisemos de nuestra intención de sumergirlos, podemos utilizar el contacto visual y combinarlo con una frase indicativa (ej: uno, dos y... bajo del mar) o soplarle en la carita antes de sumergirle, una vez que el bebé se acostumbra a la inmersión ya no será necesario avisarle previamente. En los bebés de más de 5-6 meses, en lo que ya ha desaparecido el reflejo faucal o de inmersión, con más razón debemos indicarle previamente que le vamos a sumergir, ya que deberá contener la respiración voluntariamente, otra posibilidad eficaz es elevar al niño antes de sumergirlo. El bebé, y los niños en general, trabajan muy bien por imitación, por eso es importante que cuando la acción de sumergirse no dependa del acto reflejo, realice los pasos previos para retener el aire, para eso primero lo que haremos nosotros es mostrarle de forma exagerada como cogemos aire y lo retenemos justo antes de sumergirnos.

En las primeras inmersiones es necesario sostener al bebé con calma pero con firmeza, debe sentirse seguro en esta nueva experiencia le resultará mucho más enriquecedora si es compartida contigo.

Mecanizar los movimientos de las inmersiones facilita la automatización por parte del bebé, de esta manera en los primeros instantes del movimiento lo asociará con la inmersión. Abrázalo y elógialo siempre después de cada inmersión y posteriormente realiza actividades mas tranquilas.

Las inmersiones deben ser breves (2-3 segundos) y para realizarlas debemos estar seguros que nuestro bebé esta confiado, de está manera podrá disfrutar de ellas.

En ningún caso debemos forzar las inmersiones y éstas no deben ser muy numerosas en una misma sesión (no mas de 5-6) es mejor que el bebé quede con ganas de hacer más que quede saturado. Por otro lado si los padres no se sienten seguros es mejor dejarlas para otro momento, cuando vean a otros padres sumergir a sus bebés con naturalidad, es posible que adquieran más confianza.

Al realizar la inmersión, ésta debe ser completa, es decir debemos sumergir la cabeza del bebé completamente en el agua. Si sólo sumergimos las vías respiratorias (boca y nariz) y dejamos fuera sus ojos podemos crear una confusión en lactante que sería contradictoria para crear automatismos. Es conveniente que las primeras inmersiones se hagan con el bebé mirando hacia nosotros, así se sentirá mas confiado ante esta nueva experiencia. Posteriormente podremos combinar situaciones en las que lo tenemos de espaldas e incluso llegamos a soltarlos breves momentos.

Pautas para una correcta inmersión:
- Situar la cara del bebé cerca del agua
- No realizarlas desde parado, aprovechar la inercia del movimiento para las primeras inmersiones
- Pasar de posición ventral a posición vertical
- Avisos previos
- Sumergirle completamente la cabeza, para evitar confusión.
- Ten continuidad en el movimiento
- No dudes, ten decisión
- Felicítalo y sonríele después de cada inmersión.

6.2.3. Flotación:

Podríamos decir, que flotar representa para el bebé una experiencia única al mismo tiempo que natural, su facilidad para mantenerse a flote choca en ocasiones con la actividad refleja. Los ejercicios de flotación con el bebé establecerán vínculos de confianza tanto en los bebés como en sus padres.

Cuanto antes comencemos a trabajar la flotación mas fácil resultará conseguirla, a partir del quinto o sexto mes el bebé reaccionará a la flotación dorsal estirando las piernas e intentando incorporarse, esto se debe fundamentalmente al reflejo de enderezamiento, según Carmona y cols. (2008) el bebé evita está postura al asociarla con situaciones cotidianas que no le apetecen en aquel momento, por ejemplo pensar que le acunan para dormir. Cuando los bebés tienen entre seis y nueve meses buscan la posición prono o ventral con más intensidad, debido a que su control visual es mayor en esta posición, los bebés son conscientes de su capacidad para sentarse y de su control cervical, lo que les invita a incorporarse y buscar nuevos estímulos visuales.

La flotación es un proceso lento y progresivo en el que tanto los papás, como el bebé, deben ir adquiriendo fluidez y confianza. Comenzaremos con distintas formas de agarre y con materiales flotantes que paulatinamente iremos eliminando hasta conseguir que el niño flote por sí mismo.

En los primeros meses, es posible que el bebé adopte posiciones de "encogimiento" en las que se encuentra más cómodo, poco a poco intentaremos estirar sus extremidades para conseguir una posición mas alargada y estable en la flotación. El bebé debe notar nuestra presencia cerca del él, además de nuestro contacto debemos mantener una comunicación visual, que acompañaremos con palabras y comentarios cariñosos que transmitan confianza al infante.

Al principio el bebé apenas es capaz de realizar movimientos por lo que seremos nosotros los que nos desplazaremos con ellos mientras flotan en nuestras manos o con el material.

Las progresiones a tener en cuenta serán:

- Colocar al bebé de cara a nosotros
- Sostenerlo por las nalgas y la cabeza (o nuca)
- Sostenerlo por los hombros o axilas
- Nos colocamos detrás del bebé sosteniéndole con antebrazos y manos en la cadera.
- Nos colocamos al lado del bebé

- Pasamos del apoyo con dos manos a una para finalizar con los dedos.

A partir de los 6-9 meses en los que el bebé intenta evitar está posición debemos utilizar estrategias que puedan relacionar con cosas positivas, para ello haremos uso de material de flotación, objetos o juguetes que puedan estar en su campo visual y le resulten atractivos. La utilización de tapices y churros juegan un papel fundamental a partir de los 9-12 meses.

Cada niño es diferente, y cada padre/madre también, por eso debemos adaptarnos a las características y a las situaciones propias de cada conjunto. Los padres deberán adquirir la confianza necesaria para transmitir sensaciones de seguridad a su bebé. Si los padres se muestran inseguros, inquietos o nerviosos aplicarán una mayor fuerza en el agarre que los hijos percibirán. Los movimientos serán poco fluidos, lo que restará sensaciones propioceptivas a la flotación y al desplazamiento del bebé por el agua.

Debemos considerar el agua como un compañero de estimulación, si aprovechamos sus peculiares características, jugará un papel importante en la flotación. El agua masajeará el cuerpo del bebé en los movimientos que realicemos mientras éste flota sostenido por nuestras manos, enriqueciéndolo de información propioceptiva y al mismo tiempo relajándolo.

Una vez que el niño domina la posición dorsal, le estimularemos con ejercicios en los que, partiendo de una posición ventral, gire hacia la posición dorsal. Estos giros sobre el eje longitudinal, permiten que un niño que se encuentre en posición ventral (posible ahogamiento) gire a posición dorsal, en la cual ya se encontrará cómodo y seguro.

No es necesario trabajar insistentemente este ejercicio de giro longitudinal, aunque sí es pertinente recordarlo para que el bebe lo automatice en situaciones posteriores a la inmersión.

La flotación ventral debe trabajarse de forma paralela a la flotación dorsal. Los ejercicios en esta posición son muy recomendables para mejorar el control cervical tan necesario en los primeros meses para mejorar su campo visual y por tanto sus posibilidades de estimulación. En cambio es importante tener en cuenta que en los primeros meses el bebé aún no tiene suficiente fuerza para controlar su cabeza por lo que es fácil que se fatigue enseguida y nos veamos obligados a modificar su flotación.

Los primeros días empezaremos sosteniendo al bebé por las axilas en posición vertical y realizaremos balanceos hacia los lados. Progresivamente iremos inclinando al niño hasta adoptar la posición horizontal en la que volveremos a realizar los balanceos.

Después de los primeros días aplicaremos los agarres necesarios (por debajo del pecho que dejen libres las extremidades) para mantener siempre al bebé en posición horizontal. En está posición el bebé se verá obligado a realizar ajustes posturales para compensar los desequilibrios que se producen en su cuerpo.

A medida que el bebé estabiliza su posición y automatiza los ajustes necesarios, pasaremos a eliminar la superficie de apoyo o contacto con el bebé, es decir los sujetaremos con una mano para pasar finalmente a sujetarlo de sus manitas. La utilización del material, una vez que se ha adaptado a ser sujetado por una sola mano, suele ser muy eficaz y estimulante para el niño, en este aspecto, los churros nos presentan un amplio abanico de posibilidades.

6.2.4. Desplazamientos:

Realmente ya hemos hablado de desplazamientos en el apartado de flotación e inmersión. Podemos diferenciarlos en desplazamientos asistidos y autónomos.

<u>Desplazamientos asistidos:</u> Son los desplazamientos que se dan en las primeras etapas. Generalmente se asocian a desplazamientos que se llevan a cabo en las primeras sesiones y en bebés de 4 a 8 meses, aunque son utilizados también con bebés o niños de mayor edad en las primeras sesiones que tienen contacto con este medio. El objetivo de los agarres debe ser, además de estimular los re-

flejos, facilitar la seguridad y confianza necesaria al bebé para explorar su propia motricidad en este nuevo medio para él, con el fin de conseguir una autonomía total.

Desplazamientos autónomos: Éstos se consiguen cuando ya han adquirido un control postural suficiente que les permite mantener el equilibrio en el agua, es decir flotar. El hecho de que sean movimientos autónomos no quiere decir que sean libres, sino que por el contrario deben ser orientados y provocados para un objetivo predeterminado.

Los desplazamientos consisten en trasladar el cuerpo de un punto a otro del agua independientemente de la trayectoria y no necesariamente siempre en contacto con la superficie (Del Castillo 2002):

- Propulsión: Al sumergir al recién nacido en posición ventral se observa que de manera instintiva se provocan un conjunto de reflejos que favorecen la propulsión.
- Salto: Los saltos unidos a las caídas son considerados como las formas motrices más importantes de introducirse en el agua
- Giros: Consistentes en rotar el cuerpo a través de un eje imaginario. Estos movimientos consiguen mejores resultados en el medio acuático que en el medio terrestre.
- Manipulaciones: Se presentan cuando se mantiene una relación de interacción entre el niño y algún objeto, para explorarlo en todas sus posibilidades. Para los lanzamientos primero se ha de tener un cierto dominio de la sustentación y el equilibrio del cuerpo.

BIBLIOGRAFÍA

- Acolet D, Modi N, Giannakoulopoulos X, Bond C & Glover V. (1993): Changes in plasma cortisol and catecholamine levels in response to masaje in preterm babies. Archives of Disease in Chilhood.; 68; 29-31.
- Ahr B. (1990). Nadar con bebés y niños pequeños. Ejercicios lúdicos para favorecer el movimiento precoz en el agua. Barcelona: Paidotribo.
- Ajuriaguerra, J. de (1986) *Manual de psiquiatría infantil.* Ed. Masson, S. A. Barcelona.
- Ayres, A.J. (2006) *La integración sensorial y el niño.* Ed. MAD, S.L.
- Bates E. (1976). *Language and context: the adquisitioon of pragmatics.* N.York: Academi Press.
- Bateson G. (2000). *Pasos hacia una ecología de la mente.* Barcelona: Ed. Lumen
- Bellieni C, Bagnoli F, Perrone S. (2002): Effect of Multisensory Stimulation on Analgesia in Term Neonatos: A Randomized Controlled Trial. Pediatric Research.; 51; 460-463.
- Bower TRG (1979). *El desarrollo del niño pequeño.* Madrid: Ed. Debate.
- Bowlby, J.(1997). *El vínculo afectivo.* Barcelona, Ed. Paidós.
- Brazelton, TB y Cramer, BG. (1993). *La relación más temprana. Padres, bebés y el drama del apego inicial.* Barcelona, Ed. Paidos. Barcelona.
- Bronfenbrenner, B. (1987). *La ecología del desarrollo humano.* Barcelona, Ed. Paidós.
- Bruner, J. (2001). *Acción, pensamiento y lenguaje.* Madrid, Alianza Editorial.
- Brunet, O.; Lezine, I. (1980). *El desarrollo psicológico de la primera infancia.* Madrid, Ed. Pablo del Río
- Carmona, M.; Rovira, X. y Vizcarro, M. (2008): Como pez en el agua. Barcelona: Ed. Hispano Europea.
- Castaño, J. (2005). *El sorprendente cerebro del bebé.* Arch. Argent. Pediátrico;103 (4): 331-337.
- Castaño J.: *Plasticidad neuronal y bases científicas de la neurorehabilitación.* Rev. Neur., 2002; 34(Supl. 1)S130-135.
- Cirigliano P. (1981). Los bebés nadadores. Buenos aires: Paidos;
- Conde Pérez E, Peral Pérez FL, Mateo Torres L. (1999). Educación infantil en el medio acuático. Madrid: Gymnos.
- Conde Pérez E, Pérez Pueyo A, Peral Pérez FL. (2001). La importancia de la natación en el desarrollo infantil. Madrid: Gymnos,
- Condon WS y Sander LW (1974). *Neonato movement is synchroniced with adult speech: interactional participation and lenguagenadquisition.* Science, Vol 183, pp 99-101.
- Correa, M. (2007). *Neuroanatomía funcional de los aprendizajes implícitos: asociativos, motores y de hábito.* Rev. Neurol.;44(4):234-242.

- Diego M, Field T, Hernández-Reif M. (2005): Vagal Activity, Gastric Motility and Weight Gain in Massaged Preterm Neonatos. The Journal of Pediatrics. 147; 50-55.
- Erikson, E.(1982). *Juego y desarrollo*. Barcelona, Ed. Crítica Barcelona.
- Field T, Hernández-Reif M, Diego M, Feijo L, Vera Y, Gil K. (2004): Masaje therapy by parents improves early growth and development. Infant Behavior & Development.; 27; 435-442.
- Freedman, F (2006): ¡Al agua, bebés! Juega y nada con tu bebé. Barcelona: Oniro.
- Freud, A. (2004). *Psicoanálisis del desarrollo del niño y del adolescente*. Barcelona, Ed. Paidós Ibérica.
- Freud, S. (2004). *Sexualidad infantil y neurosis*. Madrid, Alianza Editorial.
- Gale Encyclopedia of Children's Health: Infancy through Adolescence (n.d.) Infant Massage. Extraído el 15 de marzo del 2006 desde: www.encyclopedia.com/doc/1G23447200309.html.
- Gesell A.; Amatruda, C. Diagnóstico del desarrollo normal y anormal del niño. Buenos Aires. Paidós 1981.
- Gesell, A. (2002). *El niño de 1 a 4 años*. Barcelona, Ed. Paidós Ibérica.
- González, C. (2006) *Un regalo para toda la vida*. Ediciones Temas de Hoy. Madrid.
- González, M.L. (2007): Masaje Infantil. Medicina naturista.1 (2); 102-119.
- Guerrero Luque R. (1991). Guía de actividades acuáticas. Barcelona: Paidotribo.
- Gracia Millá E. y Mulas F. (coord.) (2005). *Atención Temprana, desarrollo infantil, diagónstico, trastornos e intervención*. Valencia, Ed. Promolibro.
- Hernández JA. (2005). El bebé y el agua. Disponible en: http://www.i - natacion.com/contenidos/articulos/matronatacion/bebes/bebes.html [consultado 18 Diciembre 2005].
- Hernández Muela, S., Mulas, F. y Mattos, L.(2004). *Plasticidad neuronal funcional*. Rev. Neurol.;38(Supl. 1):58-68.
- Iceta, A., Yoldi, M.E. (2002) *Desarrollo psicomotor del niño y su valoración en Atención Primaria*. Anales Sis. San. Navarra. Vol 25, sup 2,
- IMSERSO 2000. Necesidades, demandas y situación de las familias con menores discapacitados de 0 – 6 años. Informe. Madrid.
- Kaye K. (1986). *La vida social y mental del bebé. Cómo los padres crean personas*. Barcelona, Ed. Paidós.
- Klein, M. (1984). *Psicoanálisis del desarrollo temprano*. Barcelona, Ed. Paidós.
- Le Camus J. (1993). Las prácticas acuáticas del bebé. Barcelona: Paidotribo.
- Le Métayer, M (1991) *Reeducación cerebromotriz del niño pequeño. Educación terapéutica*. Ed. Masson. ASPACE Navarra.
- Leboyer F. Shantala (194): un arte tradicional de dar masaje a los niños. Barcelona: Editorial Edicial.
- López, L.P. (2009): El masaje infantil: conocimientos, experiencias y opiniones de profesionales de la enfermería y ginecobstétrica y perinatal. Extraido el 2-2-2010 de http://redalyc.uaemex.mx/src/inicio/ArtPdfRed.jsp

- López, F. (2001). *Desarrollo Afectivo y social.* Madrid, Ed. Pirámide.
- McGraw, M.B. (1939). Swimming behavior of the human infant. The Journal of Pediatrics, 15, 4, 485-490.
- Manrique B. (2005). Investigación sobre estimulación prenatal y postnatal. Disponible en http://www.prenatal.net/research.htm.[consultado 18 Diciembre 2005].
- Manual de Atención Temprana a niños con ceguera y deficiencia visual (2000). Organización Nacional de Ciegos Españoles ONCE. Madrid.
- Márquez, F.; Poupin, L.; Lucchini C. (2007): Efectos del masaje en el recién nacido y el lactante. Index Enferm 16; 57. 1132-1141.
- Mathai S, Fernández A, Mondkar J, Kanpur W. (2001): Effects of Tactile-Kinesthetic Stimulation in Preterms: A Controlled Trial. Indian Pediatrics.; 38; 1991-1098.
- Mayerhorfer, A. A. (1952). Swimming movements in infants. Tesis doctoral sin publicar. Universidad de Leizpzig, Alemania (Este).
- Mesonero, A *Psicomotricidad y rehabilitación.* Servicio de publicaciones de la Universidad de Oviedo.
- Moreno, J.A.; Pena, L. y Del Castillo, M. (2004). Manual de actividades acuáticas infantiles. Barcelona: Paidós.
- Mulas, F. y Hernández, S. (2005). *Neurodesarrollo y fundamentos anatómicos y neurobiológicos de la atención temprana.* En: Atención Temprana. Desarrollo Infantil, diagnóstico, trastornos e intervención. Valencia, Ed. Promolibro.
- Numminen, P y Sääkslahti, A. (1995). Infants in waterly environment. XV ISB Congress Jyväskyla (Finland), 2-6 July.
- Moreno, J.A. y De Paula, L. (2008): Estimulación acuática en bebés. Barcelona: Inde.
- Onozawa K, Glover V, Adams D, Modi N, Kumar C. (2001): Infant masaje improves mother-infant interaction for mothers with postnatal depresión. Journal of Affective Disorders.; 63; 201-207.
- Palacios J., Marchesi A., Coll C. (1991). *Introducción a la Psicología evolutiva: conceptos básicos y metodología.* En: J. Palacios, A. Marchesi y C. Coll. Desarrollo Psicológico y Educación. Vol. 1 Cap. 1. Madrid, Alianza editorial.
- Pallás Alonso, C.R.; de la Cruz Bértolo, J.; Medina López, C. (2000). *Apoyo al desarrollo de los niños nacidos demasiado pequeños, demasiado pronto.* Real Patronato sobre Discapacidad. Serie Documentos. Madrid.
- Pappas Gaines M. (2000). Actividades acuáticas, ejercicios de tonificación, cardiovasculares y de rehabilitación. Barcelona: Paidotribo
- Piaget J. y Inhelder, B. (1984). *Psicología del niño.* Madrid, Ed. Morata.
- Piaget, J.(1999). *La psicología de la inteligencia.* Barcelona, Ed. Crítica.
- Piaget, J.(2000). *El nacimiento de la inteligencia en el niño.* Barcelona, Ed. Crítica.
- Prieto, J.A. (2008): Consecuencias en la motricidad del niño del trabajo corporal en medio acuático. NSW: 2: 17-26.
- Ramsey T. (2006): Babys First Massage Instructors Manual. Ohio: Editorial Baby's First Massge®.

- Roman J. M., Sámchez, S. y Secades, F. (1999): *Desarrollo de habilidades en niños pequeños*. Ediciones Pirámide. Madrid.
- Ruiz, A y Robles, C.(1997): *Prevención, atención y seguimiento de niños en riesgo o con lesiones establecidas*. Ed. Comares. GranadaPrieto J.A., (2008): Consecuencias en la motricidad del niño del trabajo corporal en medio acuático. NSW, 2, 11-20.
- Spitz R. (2006): *El Primer año de la vida del niño*. Madrid. Ed. Fondo de Cultura Económica.
- Trevarthen, C. (1998). Intersubjetitity. En: The MIT Enciclopedia of Cognitive Sciences. Cambrigde MA. MIT Press. USA.
- Riviére, A. (1984): *Acción e interacción en el origen del símbolo*. En: J. Palacios, A. Marchesi y M. Carretero (Eds.) Psicología Evolutiva. Vol. 2. Madrid, Alianza Editorial.
- Vanina Stefanini L. (2005). Natación para bebés. Disponible en: http://www.capitannemo.com.ar/natacion_para_bebes.htm [consultado 18 Diciembre 2005].
- Vickers A, Ohlsson A, Lacy JB, Horsley A. (2008): Masajes para promover el crecimiento y el desarrollo de lactantes prematuros o de bajo peso al nacer (Cochrane Review). In: *La Biblioteca Cochrane Plus,* Issue 2. Oxford: Update Software.
- Vojta, V (2005): *Alteraciones motoras cerebrales infantiles. Diagnóstico y tratamiento precoz*. Ediciones Morata S.L. Madrid.
- Vygostky L. (2004): *Desarrollo de los procesos psicológicos superiores*. Barcelona, Ed. Crítica.
- Wambergue, S (2009): Psicomotricidad y medio acuático. Sin publicar
- Wielki, C. y Houben. (1983). Descriptions of the leg movements of infants in an aquatic environment. En Biomechanics and medicine in swimming (International Symposium of Biomechanics) pp 66-71. Illinois: Human Genetics.
- Winnicot, D. W. (1998): *Los bebés y sus madres*. Ed. Paidós. Barcelona.
- Winnicott, D.W. (1993): *Los bebés y sus madres: El primer diálogo*. Barcelona.Ed. Paidós.
- White-Traut R, Nelson M, Silvestre J, Ushanalini V, Littau S, Meleedy-Rey P, Gu G, Patel M. (2002): Effect of auditory, tactile, visual, and vestibular intervention on length of stay, alertness, and feeding progresión in preterm infants. Developmental Medicine & Child Neurology.; 44; 91-97.
- White-Traut R, Nelson M, Silvestre J, Patel M, Ushanalini V, Han B, Cunningham N, Burns K, Kopischke K, Bradford L. (1999): Developmental Intervention for Preterm Infants Diagnosed with Periventricular Leukomalacia. Research in Nursing & Helth.; 22; 131-143.
- Zuluaga, J. A. (2001): *Neurodesarrollo y estimulación*. Ed. Panamericana. Colombia

Documentos:
- *Guía de Estándares de Calidad en Atención Temprana* (2004). Real Patronato sobre Discapacidad. Madrid.
- *Libro Blanco de la Atención Temprana* (2000). Grupo de Atención Temprana GAT. Real Patronato sobre Discapacidad. Serie Documentos. Madrid.
- *Manual de Buenas Prácticas en Atención Temprana.* FEAPS. Madrid 2001.
- *Manual de Buenas Prácticas en Apoyo a las Familias.* FEAPS. Madrid 2001.
- *Recomendaciones técnicas para el desarrollo de la Atención Temprana.* Grupo de atención Temprana GAT. Real Patronato sobre Discapacidad. Madrid 2005.

Páginas de interés:
Genysi: Grupo de Estudios Neonatológicos y de Servicios de Intervención.
www.paidos.rediris.es/genysi

GAT: Federación Estatal de Asociaciones de Atención Temprana.
www.gat-atenciontemprana.org

Asturat: Asociación Asturiana de profesionales de Atención Temprana.
www.asturat.org

Real Patronato sobre Discapacidad:
www.rpd.es

FEAPS: Confederación Española de Organizaciones a favor de las personas con retraso mental.
www.feaps.org